Pearson

理解学校评价

促进学生学习的家长与社区指南

[美] 简·查普伊斯 (Jan Chappuis)
史蒂夫·查普伊斯 (Steve Chappuis) 著

赵士果 译

华东师范大学出版社

Understanding
School Assessment
A Parent and Community
Guide to Helping Students Learn

U0331096

图书在版编目(CIP)数据

理解学校评价：促进学生学习的家长与社区指南/
(美)简·查普伊斯,(美)史蒂夫·查普伊斯著;赵士果
译.—上海:华东师范大学出版社,2020
ISBN 978-7-5675-9992-5

Ⅰ.①理…　Ⅱ.①简…②史…③赵…　Ⅲ.①课堂教
学—教学评估　Ⅳ.①G424.21

中国版本图书馆 CIP 数据核字(2020)第 035808 号

理解学校评价：促进学生学习的家长与社区指南

著　　者　[美]简·查普伊斯,史蒂夫·查普伊斯
译　　者　赵士果
责任编辑　彭呈军
审读编辑　吴　伟
责任校对　郭　琳　时东明
版式设计　卢晓红
封面设计　高　山

出版发行　华东师范大学出版社
社　　址　上海市中山北路 3663 号　邮编 200062
网　　址　www.ecnupress.com.cn
电　　话　021-60821666　行政传真 021-62572105
客服电话　021-62865537　门市(邮购)电话 021-62869887
地　　址　上海市中山北路 3663 号华东师范大学校内先锋路口
网　　店　http://hdsdcbs.tmall.com

印 刷 者　上海市崇明县裕安印刷厂
开　　本　787×1092　16 开
印　　张　8.75
字　　数　114 千字
版　　次　2020 年 7 月第 1 版
印　　次　2020 年 7 月第 1 次
书　　号　ISBN 978-7-5675-9992-5
定　　价　32.00 元

出 版 人　王　焰

上海市版权局著作权合同登记　图字:09－2017－553 号

前言

从表面上看,学校中最重要的评价似乎是每年一次的标准化测试。毕竟它们引起了美国总统的重视,并促使他要求进行更多的标准化测试,以确保"不让一个孩子掉队"。无论是在地方、州、国家层面还是国际上,考试的成绩都成为新闻报道中备受关注的焦点。它们要求全国各地的社区每年向学校投入数百万美元的资金,以此让学校承担学生学习的责任。但事实上,与教师在课堂上日常开发、实施和使用的评价相比,这些在政策上很重要的测试对学校的贡献甚微。根据课堂评价对这些决策产生的影响,可以毫不夸张地认为,一个孩子良好的学术表现取决于这些评价的质量和使用它们的方式。

在这份有关学校评价的家长和社区指南中,简·查普伊斯和史蒂夫·查普伊斯(Jan&Steve Chappuis)解释了课堂评价对学生全面发展(welling-being)的至关重要性。他们这样做也是为了解释父母和社区在保护学生全面发展中所扮演的角色。如果课堂评价质量较低或运用不当,学生将被直接置于受伤害的处境之中。这对学生及其学习所带来的影响可能是痛苦而持久的。但是,如果课堂评价质量很高并且运用得当,学生则可以达到学业成功的新高度。史蒂夫(Steve)和简(Jan)也解释了其中的原因。

他们的理论来自于经验。他们既是孩子的父母,养育着一个学龄期的女儿,又是教育评价领域教师专业发展方面的专家。两人在解决学校、社区所关注的教育相关问题(如评价)上有着多年的经验。在这样的背景下,他们具有独特的资格条件来解决评价问题。很少有人能够像他们一样,将身为父母对儿女的贴心关怀与身为技术专长者的专业性以及社区关系的背景相结合,从而为父母和社区提供实用的深刻见解,帮助他们为学生的最大利益而行动。

在你阅读时，我建议你关注查普伊斯所呈现的以下三方面内容：

第一，最重要的是他们关于"评价与学生动机之间关系"的讨论。实际上，史蒂夫和简向我们展示了过去十年中对有效教学、学生学习和成就动机的研究是如何重新定义"评价与学习动机之间的关系"的。结果表明，课堂评价的使用方式在"不让一个孩子掉队"方面卓有成效。他们建议课堂评价不仅要用于检查学习或报告分数，还要培养学生更高水平的成就。他们揭示了使用评价及其结果以增加学生信心的秘诀，这样一来学生便会继续敢于尝试学习。因为保持自信是每一个孩子在学校取得成功的关键。我相信你会发现，查普伊斯关于这部分的探讨与相关信息非常引人入胜。

第二，史蒂夫和简列出了所有的"重要决策者"，即评价的用户，他们依靠有关学生成就的信息来完成他们的工作。史蒂夫和简确定了政策层面的用户、支持教师工作的用户（指导人员、特殊教育人员等）以及课堂层面的用户。在最后的类别中出现了令人吃惊的新见解。在课堂中，评价的关键用户是教师、家长和学生——是的，学生。我们通常不会将学生视为依赖评价结果对自己行为做出决策的人。但是，史蒂夫和简告诉我们为什么学生的决策也是最重要的，你一定会为他们对学生角色的看法所吸引。

第三，作者"界定了父母和社区在评价中的角色"。在这里，他们要求实现一种不同于以往的联盟。鉴于评估、评价和评分实践在课堂和学校中所发挥的作用，他们建议父母和广大的社区成员提出与这些实践相关的问题。事实证明，专业教育工作者通常没有机会学习如何有效地解决评价问题。这正是简、史蒂夫及 ETS① 评价培训所（Assessment Training Institute，简称 ATI）所有成员都如此关注学生全面发展的原因。你的孩子所接受的评价可能并未达到质量标准，也可能并未以恰当的方式实施。防止这种情况发生的唯一方法是，确保你所在社区的教师和学校领导者有机会发展其所需的专长，以避免出现问题并促进学生取得最大的成功。本指南为家长和社区成员提供

---

① ETS 的全称为 Education Testing Service，即美国教育考试服务中心。

了可以采取具体行动的建议，以确保他们拥有发展所需专长的机会。

正如你在阅读简和史蒂夫的作品时所看到的那样，在"评价素养"到位的基础上，学生们将学到更多的东西，并认为他们可以掌控自己的成功——这两个关键可以帮助所有学生发挥个人的学业潜力。在实现这一目标的过程中，他们会寻求作为父母和社区领导者的你的帮助。

理查德·斯蒂金斯(Rick Stiggins)，执行主任

ETS 评价培训所

俄勒冈州波特兰市

致谢

我们要感谢无数的工作者，他们与我们一起工作多年，我们从他们身上学到了宝贵的经验，也知道了在教与学中，什么才是重要的。我们要特别感谢以下各位老师、管理人员和家长：琳达·艾尔曼（Linda Elman）、罗恩·恩格兰德（Ron Engelland）、肯·赫尔曼（Ken Hermann）、大卫·梅维克（David Mevicker）、琼·莫泽尔（Joan Moser）、科林·皮卢格·蒂尔顿（Corinne Pilug-tilton）、克劳迪娅·伦格斯托夫（Claudia Rengstorf）、克劳迪娅·汤普森（Claudia Thompson）、香农·汤普森（Shannon Thompson）、黛比·温格（Debbie Wing）、克里斯·怀亚特（Chris Wyatt）和苏珊·佐勒（Susan Zoller）。他们与我们分享了他们认为应该解决的话题，他们的许多建议对构建本书的框架都很有帮助。

我们也非常感谢俄勒冈州波特兰市塔博尔山中学（Mt Tabor Middle School）的地方委员会对我们书稿认真细致的反馈建议。

我们还要感谢评价培训所（ATI）的同事们：朱迪·阿特（Judy Arter）、芭芭拉·芬克豪斯（Barbara Fankhauser）、莫莉·格里农（Molly Grignon）、莎朗·利珀特（Sharon Lippert）和斯泰西·罗伊（Stacey Roy）。他们在书目的内容和风格方面给予了我们很大的帮助，为我们提供了鼓励和支持，并让我们不受干扰地工作。我们也特别感谢理查德·斯金蒂斯（Rick Stiggins）愿意分享他的个人想法、智慧和指导。

我们的编辑、自由职业者罗伯特·L. 马库姆（Robert L. Marcum）和他的紫色铅笔让我们的想法和文字更加清晰。

最后，我们感谢我们的女儿克莱尔（Claire）提供了她对学校的见解，也让我们以父母的目光去看学校，并在我们完成这本书时忍受漫长无尽的夏令营。

目录

简介

　　我们以家长的身份写这本书,因为对自己女儿的学习非常感兴趣并积极参与其中。我们也以教育工作者的身份写这本书,因为我们终身致力于儿童教育与成人教育,并深深地相信课堂评价的力量可以改善他们的学习。我们还以社区成员的身份写这本书,因为我们热衷于为当地学校的成功,以及公共教育的改善作出贡献。

　　我们为家长、教育工作者和社区成员撰写这本书,目的是增加他们对学校评价的认识,更具体地说是让课堂评价在学校改进中发挥更重要的作用。由于家长和社区构成了评价结果的最大用户,因此,我们认为你从这本书中获得的信息应该是清晰和易懂的。除此之外,我们希望让你成为评价结果的关键消费者。为此,我们的目的是分享我们认为父母和社区成员应该了解的评价实践,以最大限度地提高学生在学校中的成功表现。一些读者可能会发现我们所要报告的内容有些令人惊讶。

卷首语

　　在接下来的章节中,我们描述了社区在促进学校改进中需要理解的最重要的评价问题。我们的最终目标是帮助你识别导致学生失败,并可能对学习者造成伤害的评价实践,并向你展示有助于成功和改进学习的其他评价实践。为此,我们围绕一系列指导性的问题组织了每个章节。

什么是评价？自从我们进入学校，评价是如何发生改变的？谁是评价信息的关键用户？"关于学习的评价"和"促进学习的评价"之间的区别是什么？在第1章中，我们描述了今日评价的概况，并讨论了其正在进行中的变化是如何影响今日和明日的学生的。

什么样的评价实践可能会提高学生的学习动机？促进学习的评价对支持学业成就水平较低的学生可以起到什么作用？在第2章中，我们探讨了动机和评价之间的关系。我们关注了已有研究对如何以有效的方式为所有学生在动机和评价之间建立联系作出的探讨。

我所在社区的学校是否有适合每个年级和学科的高质量的书面课程？我的孩子是否清楚地了解她或他在学校要学什么？作为父母，我们又该如何获知这些？第3章解释了学校中所存在的几种不同类型的学习目标以及为使学生清楚地了解这些目标所作出的实践。

我应该寻找什么证据来判断自己的孩子所经历的评价的质量？为什么观察自己的孩子在课堂上接受的各种各样的评价方法如此重要？学生参与的评价是什么样的？家长参与家庭作业的有效方法是什么？第4章介绍了各种课堂评价方法以及为什么使用这些方法。我们还研究了富有成效和适得其反的家庭作业的相关实践。

什么是标准化测试？我们的孩子在学校里接受了哪些测试？这些测试测量了什么？如何使用标准化测试信息？标准化测试和课堂评价如何结合在一起？衡量学生在教育上取得的进步从来都不是一件容易的事，并且它正在变得更具挑战性。因为美国公众使用测试结果来形成关于学校质量的意见，所以最重要的是要知道用于形成这些意见的评价是否准确，同样重要的是，也需要知道有哪些其他指标来帮助我们判断学校的质量。在第5章中，我们解释了学生参加的标准化测试的种类，并提倡明智、谨慎地使用测试结果。

老师、学校、学区应该如何与我们交流我们的孩子作为一个学习者所取得的进步？在计算成绩单时应该包括和摈弃哪些因素？除了考试分数和等级之外，我们还能以何种方式了解孩子的进步？学生在对自己的学习进行交流时可以发挥什么作用？第6章列出了这些问题的答案。

最后，在第7章中，我们将会回顾每章的要点，并将它们与你可以考虑采取的行动联系起来，以帮助你的孩子学习，并支持本地区的评价系统以促进学生的学习。

在整本书中,我们描述了学校和课堂中健康、平衡的评价环境。我们为你提供了一些想法,便于作为家长、教育工作者和社区成员的你去了解自己的孩子所在的学校是否存在此类环境。我们也希望能够通过这种方式,帮助你与孩子的老师、学校、学区以及其他家长及社区成员一起合作,为你的孩子以及社区中的所有孩子提供最好的教育。

第 1 章
今日学校的评价

评价是什么？ 它为何正在发生改变？

每个人都需要信息来进行计划。医生需要有关患者的信息来计划治疗方案；投资者需要信息来帮助你进行投资；教育工作者需要有关学生学业成就的信息来帮助他们学习。评价就是收集信息的过程。在我们的学校中，它是收集学生学习证据的过程。证据可能集中在学生个体或学生群体上，它也可能有一个或更多的不同来源。作为收集该信息的手段，测试是最为人们所熟悉的一种工具，但测试只是这些工具中的一种。学生的口头陈述、研究项目、学生访谈、写作样本、表现性评价、教师观察、成长记录袋和学生的自我评价都可以收集有关学生学习的准确信息。

学校中大多数有关评价的内容仍然一如既往地保持不变：学生为了考试而学，教师计算成绩，一些学生的学习成绩优于其他学生。但是，在学校中，评价的很多方面也在发生改变，以应对与教育相关的重大转变。

我们希望学校能够做出改变。学校的使命曾经是将学生从高分到低分进行排序。这使学校能够发挥社会的功能，将公民轻易地筛选到我们社会和经济系统的各个部分。学生的目标是尽可能提高自己的成绩排名。如今，高中仍然使用平均分来对学生进行排名，但现在我们也要求学校确保尽可能多的学生取得成就，不再是将学生相互比较并进行排名。学校现在已经定义了学生应该知道和能够做的具体事情。评价就是用于衡量他们做这些事情的能力。每个学生都要努力达到这些学业要求，学校要做的就是帮助每个学生达标。正是考虑到布什总统"不让一个孩子掉队"的要求，学校的使命才发生了这样的变化。

我们希望学生知道并能够做的是"改变"。曾经是"基础"的东西已经不足使其成为当今社会中成功的成年人。参与我们国家的劳动力需要一个更复杂的基本技能网，以及超越这些基本技能的能力。州和学区的学习目标越来越多地反映出在校外生活中取得成功所需的知识和能力。因此，我们使用的评价工具必须能够衡量基础知识以及对知识进行运用的能力。对这些学习目标的评价还必须与学校以外的生活联系起来，并进行改变以反映出这种学习的情形。

我们对测试和评价具有更多的了解。传统意义上的标准化测试往往缺乏深度。它们的设计目的是从学生对某一学科广泛的知识中获取样本，但是在大多数情况下，这些测试并非旨在深入了解学生对他们所学习的特定内容领域的理解。许多标准化测试局限于使用多项选择题来测量学生的学科知识和一些推理形式。因此，一些州和地区已经开发了自己的标准化测试，以更深入地探究学生对于知识的灵活应用。

我们有更多关于课堂评价用途的信息，这些信息带来了更高的学业成就。激励和改善学习的评价实践自教育出现以来就一直存在，但教育界直到最近才有大量的研究证明它们的有效性。我们当中有多少人在回忆起我们学生时代的评价时，认为它是一种快乐、令人兴奋、富有成效并令人满意的体验？我们很可能会记住的是决定最终成绩的多项选择题、填空题、小测验和期末考试。我们可能还会常常回想起那种紧张、焦虑甚至恐惧的感受。当前的研究表明，评价不一定是这样的；对教师和学生来说，它可能是一种令人兴奋的、富有成效的和令人满意的经历。

在理解评价如何以这种不同以往的方式发挥作用时，我们面临的挑战之一是去理解我们过去在学校中所经历的评价体验，其中可能并不包括促进学习的评价。在课堂上，这种评价力图让学生了解自己和自己的学习情况，让他们知道自己与教师设定的学习目标之间的差距，并在教师的帮助下了解接下来要采取的行动。测试在课堂上也有一席之地，但如果所有的评价都以这种方式进行，我们的老师和孩子将错失评价中很大一部分的效能。

所有这些变化结合在一起，使得今天的评价与我们学生时代所经历的评价并不相同。和我们成长过程中的评价相比，今天的评价为更多、更强有力的学习环境带来了潜力。在了解当前的评价实践以及如何为学生建立积极的评价环境时，记住这些变化非常重要。

评价的目的是什么？

即使你现在没有正在上学的孩子,你也很容易注意到一些其他的变化,即现在学生们参加了更多的考试。要想理解原因,我们首先要问:评价的目的是什么?

大多数评价(和评价经费)的滥用都源于对这个问题的不完整或模糊的回答。所有评价的目的都可以用一句话来陈述:评价为决策提供判断依据。当我们未能清楚地思考以下问题时,问题就会出现:谁需要这些信息? 他们需要什么信息? 他们会做出什么决定? 除非评价者能够首先回答这些问题,否则我们不能设计、选择或实施任何评价。要想理解为什么有这么多的评价,我们需要探索可能的答案范围。图 1.1 显示了一系列同心圆内的评价信息的用户,中心是那些最接近实际学习的部分。

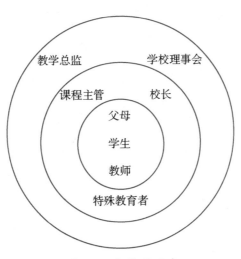

图 1.1 评价的用户

谁需要评价信息？

　　决策者——内圈，让我们从最接近学习的人开始：父母和老师。他们做出了哪些决策？父母使用评价信息来决定如何帮助孩子的学习，教师使用它来为成绩报告单评分。家长和老师在学校评价信息的基础上做出了哪些其他决策？（请记住：评价信息可以包括考试分数和等级，以及老师的书面和口头评论。）看看你的想法与表 1.1 中列出的决策有何不同。

表 1.1　根据学校评价信息做决策的示例——内圈

父母	老师
我的孩子是否在学习新内容？ 我的孩子成功了吗？ 我的孩子跟上了吗？ 为了取得成功，我的孩子在家中做的足够吗？ 我需要建议孩子做出改变吗？ 我们在家做的是否足够用来支持孩子在学校的学习？ 老师知道我的孩子需要什么吗？ 这位老师做得好吗？ 这是一所好学校、一个好学区吗？	我的学生是否在进步？ 这个学生需要什么？ 我可以从学生的什么优势开始？ 我应该如何给我的学生分组？ 我的进度是否太快、太慢、太深或还不够深？ 作为老师我是否也在改进？ 我的教学策略有效果吗？ 在家长会上我该说些什么？ 我如何评定成绩报告单的等级？

来源：Adapted from *Student-Involved Classroom Assessment*, 3rd ed.（p. 32）by Richard J. Stiggins，2001，Upper Saddle River，NJ：Merrill-Prentice Hall. Copyright © 2001 by Prentice-Hall, Inc.

　　学生作为决策者呢？我们几乎从未将学生视为评价的用户——通常我们将他们视为评价的对象。但是，你的孩子根据评价信息做出了哪些决策？

在这里,我想起了安德里亚(Andrea)在中学进行长期写作项目的经历。老师对作文进行了评分并将其返还给学生,老师在第一页的顶部写了"啰啰嗦嗦"的字样,并且在其他页面边缘写了许多改进建议。安德里亚得出结论,认为自己不擅长写作,并且,从那以后,每当她必须写作时,她都会感到写作变得更加困难。安德里亚喜欢学习语言,但她讨厌上了写作。

想成为一名建筑师的乔(Joe)又是怎么样呢?他学习代数Ⅱ,但不理解课上所教授的一些概念。尽管他学习这门学科,但却在一次次考试中表现得很差。他开始认为自己不擅长数学,并决定不再上其他的数学课。当他意识到建筑学需要更多的数学知识时,他得出的结论是自己无法成为一名建筑师。

再说说玛丽亚(Maria),一位正努力的二年级阅读者。她收到了有关她进步的准确反馈,并且这种反馈是以鼓励她继续学习的方式提供的。她的老师会告诉她,"这件事你做得很好,这是我们下一步要做的事情"。玛丽亚坚持认为,正是她收到的评价信息使她了解到什么是好的阅读,并在此基础上让她明白如何不断地接近这个目标。

表 1.2 基于学校评价信息的决策样例——中心圈

学生
我成功了吗?
我会随着时间的推移而进步吗?
我是否明白在这门学科上取得成功意味着什么?
我擅长这门学科吗?
我喜欢这门学科吗?
接下来我该怎么做才能成功?
我需要什么帮助?
我能掌控自己的成功吗?
我的老师认为我能成功吗?
学习值得我为之努力吗?

来源:Adapted from *Student-Involved Classroom Assessment*, 3rd ed. (p. 32) by Richard J. Stiggins, 2001, Upper Saddle River, NJ:Merrill-Prentice Hall. Copyright © 2001 by Prentice-Hall, Inc.

我们的孩子每天都在根据来自教师和学校的评价信息，做出直接影响他们自己学习的关键决策。他们决定自己是否能够顺利完成学业，是否随着时间的推移而进步，是否有能力取得成功，是否喜欢这个主题，以及他们是否会继续学习。这些决策对他们的学习至关重要。如果他们认为自己无法学习，如果他们决定放弃努力，那么，没有其他决策者或资格证书能够促使学习的发生，学生自己是学习过程中最重要的决策者（表1.2）。

决策者——中圈。中圈的成员与学习过程的直接联系较少，但其决策仍对学校质量有所影响，这一成员包括校长、课程主管和特殊教育者等教学领导者。表1.3对他们所做的一些教学支持性决策进行了抽样。当你阅读清单时，请注意，如果我们的学校无法回答这些问题，将无法满足学生的需求。

表1.3　基于学校评价信息的决策样例——中圈

校长	课程主管	特殊教育者
这位老师是否以学生学习的形式产生结果？ 我该如何帮助这位老师改进教学？ 我们学校中的教学是否会产生结果？ 我们的学生是否为大学和工作做好准备？ 我们如何分配学校资源以帮助学生取得成功？	我们的教学计划是否有效？ 我们需要在课程中做出哪些调整？	谁有资格获得特殊教育服务？ 我们的服务计划是否有助于学生？ 这名学生需要什么帮助才能成功？

来源：Adapted from *Student-Involved Classroom Assessment*, 3rd ed. （p. 33）by Richard J. Stiggins, 2001, Upper Saddle River, NJ: Merrill-Prentice Hall. Copyright © 2001 by Prentice-Hall, Inc.

决策者——外圈。表1.4表明了当政策制定者决定实施政策或法律并分配资源时，他们必须要掌握的学生学习的信息。请注意，这些决定对于确保满足学生的教育需求也很重要。

表 1.4　基于学校评价信息的决策样例——外圈

教学总监	学校董事会成员	国家教育部	公民和立法者
我们的教学计划是否在学生学习上产生效果？ 是否每一笔建设资金都有所产出？ 哪些学校值得或需要更多资源？	我们的学生是否学习并取得成功？ 我们的管理是否会产生效果？	整个州的计划是否产生效果？ 每个学区是否会产生效果？	我们的学生取得成就的方式是否为他们成为公民做准备？

来源：Adapted from *Student-Involved Classroom Assessment*, 3rd ed. (p. 33) by Richard J. Stiggins, 2001, Upper Saddle River，NJ：Merrill-Prentice Hall. Copyright © 2001 by Prentice-Hall，Inc.

决策者——整个同心圆。总而言之，所有这些人都使用评价信息来做出影响学校中每个学生学习的决策。摒除其中的任何一个，或提供不准确或不完整的信息，学生的学习都将受到影响。

总结性决策和形成性决策

这些不同的决策和决策者，需要借助在不同的时间、以不同的方式传递而来的不同类型的信息，来完成他们的工作。考虑这一系列决策的有用方法是将它们视为是服务于总结性目的，还是形成性目的的。总结性评价报告的是关于某个时间点的学习情况，我们认为这是"关于学习的评价"（assessment of learning）。然而，另一方面，形成性评价服务于追踪和促进学习这一目的——它是"促进学习的评价"（assessment for learning）。

总结性评价——关于学习的评价

总结性评价的主要目的是收集和报告学习证据。它对学习进行了总结，即它是一份学习状态的结果报告。总结性评价采用考试的形式，可以是上课的教师在课程结束后进行的一个测验、大学入学考试、州或地区规定的标准化考试等。所有这些都是在评价时总结学生的学习情况，并以某种方式帮助决策者。许多总结性评价并不是为了让上课的教师了解日常的教学，也不是为了帮助学生成为更好的学习者。相反，课堂上"关于学习的评价"通常用于确定成绩。在某些情况下，它们还用于帮助确定具体的教学分组，如特殊教育或有天赋和才能的项目分组。学习的总结性评价可以采取测试、小测验、项目、表演、访谈、报告、口头陈述等形式；简而言之，任何评价方法都可以总结性使用，并且，结果可以通过多种方式报告：

- 字母等级(A,B,C 等)

- 正确的百分比(78%)

- 百分位数(第 65 百分位数)

- 平均成绩(3.1)

- 其他能表示向标准进步的一个字母(E、M、P 等)

- 一个数字(1、2、3)

- 能代表持续发展中某一阶段的词

这些符号可以作为沟通学生学习的简便方式，但只有在我们确切地了解其含义时，它们才有效。在第 5 章和第 6 章中，我们提供了这些方式更为详细的内容以报告学业成就。

我们还根据"关于学习的评价"来做出一些问责性的决策。它们可以告诉我们，学生学到了多少、是否达标，以及教育工作者是否完成了他们应当完成的工作。"关于学习的评价"主导着测试和评价中资源的分配。仅在过去的 50 年间，美国就在地方、州、国家和国际层面定期开展这些活动，并投入了数十亿美元用于支持这些测试的实施，以确保分数的准确性。即便如此，在社区成员、家长和教育工作者中，围绕这些测试展开的争议仍然存在。我们将在本章的后续部分中对其进行讨论。

形成性评价——促进学习的评价

"促进学习的评价"发生在教学和学习过程中,而不是发生在它们之后,而且这种评价将持续的改进作为主要关注点(Crooks,2001;Shepard,2001;Assessment Reform Group,1999)。它利用日常的课堂评价活动让学生直接参与自己的学习,通过强调进步和成就而不是失败和打击来提升他们的学习信心和学习动机(Stiggins,1999;2001)。一旦学生参与其中,"促进学习的评价"就看起来更像是教学,而不是测试。教师可以借助评价的力量促进学习,而不是仅仅将其作为一项为了评价和评定成绩而设计的活动(Davies,2000)。教师在进行评价时会形成一些评价信息,以确定学生所需要的更多概念或技能来计划进一步的教学;调查教师自身教学实践的有效性;并定期向学生反馈他们的优势和需要改进的地方。学生参与促进学习的评价时,他们使用评价信息来学习如何判断自己的工作质量,并为自己的进步设定目标。当你阅读表 1.5 和表 1.6 时,请注意这两类评价对健康的教育环境而言都是不可或缺的。

表 1.5　两类评价主要差异

	关于学习的评价 (assessment of learning)	促进学习的评价 (assessment for learning)
评价的原因	记录个人或团体的学业成就或掌握标准的情况,报告某个时间点上所测量的学业成就的状态	增加成就;帮助学生达到更高的标准,支持学生的持续成长
为谁提供信息	为他人提供有关学生的信息	为学生提供有关他们自己的信息
评价的重点	学校教师和学生的成就标准是为了问责	教师选择具体的成就目标,它使学生能够达到标准
驱动力	问责	改进
时间	在学习发生之后	在学习过程中

表 1.6　两类评价在评价背景上的差异

	关于学习的评价 （assessment of learning）	促进学习的评价 （assessment for learning）
主要用户	政策制定者、项目策划者，督导、教师	处于合作中的学生和老师（教练、指导者、学习者）
典型用途	因为公关、校长决策、评分、毕业或者晋升而认证学生的能力或对其进行分类	帮助学生了解目标以及如何达到目标；帮助教师诊断和回应学生的需求，帮助父母逐步了解学生的进步情况
主要动机	惩罚的威胁、承诺的奖励	相信通过不断的努力，成功是可以实现的
老师的角色	遵循测试管理程序以确保结果的准确性和可比性；使用结果帮助学生达到标准，向父母解释结果；教师还为成绩卡进行打分并建立评价	将标准转变为课堂学习目标；告知学生目标；设计评价；根据结果调整教学，让学生参与评价
学生的角色	学习以达到标准，参加考试，取得尽可能高的分数，避免失败	努力了解目标，对课堂评价结果采取行动，以便下次能做得更好

　　我们描述的形成性评价模式不仅仅涉及更频繁地评价学生，它也不仅仅是为教师提供评价结果来改进教学。在"促进学习的评价"中，教师和学生都会使用课堂评价信息来调整教学和学习活动（评价改革小组，1999）。

　　教师会在以下情境中形成性地使用评价信息：

- 在学习某一单元之前进行前测，并为个人或整个小组调整教学。

- 确定哪些学生需要更多的帮助。

- 根据评价结果改进教学。

- 反思自己教学实践的有效性。

- 与学生讨论他们的优势和需要改进的地方。

- 促进同伴互助，让表现出理解的学生与未表现出理解的学生相互配合。

　　学生会在以下情境中形成性地使用评价信息：

- 参与自我评价，准确描述他们在学习中的位置以及他们下一步需要改进的方向。

- 通过监控自己的进步来观察自己的成长。

- 并向他人描述自己的学习和成长。

我们无法仅凭评价方法去断定这是一种形成性评价还是总结性评价。许多评价方法如测试、测验、表演、撰写论文以及通过观察技能和产品收集的数据等,都可以使用这两种评价方式。我们要通过如何使用这些评价结果,才能判断这种评价是形成性的还是总结性的。

虽然课堂上的形成性评价并不能满足所有决策者或评价数据使用者的需要,但我们需要了解它在促进深度学习方面所起到的核心作用。这种评价方式能够激励并指导学生的进步,帮助教师了解班上的每个学生,以便以特定的方式聚焦教学。

决策不同,评价不同

那么,我们为什么需要课堂、学校、地区、州、国家甚至国际层面的评价呢?如前所述,学生需要有关他们学习的信息,以帮助他们进行自我调控并继续努力;教师需要信息来了解如何帮助学生学习;学校和学区人员需要信息来制定计划和做出决策;政策制定者需要大规模的标准化测试信息来制定关于问责的决策。此外,随着各州制定自己的课程标准,许多州都开发了配套的评价系统。

以下是关键点:一种水平或类型的评价不一定能为上述的所有决策者提供正确的信息。这就是学校要使用各种评价方式的原因。为达到所有目的需要几种评价?我们是否针对某些需求进行了太多的评价,而对其他方面的评价做得还不够?我们认为,如果你认为自己的孩子所在的学校系统正在对学生进行过度测试,那么,去问:"为什么会有这么多的评价?"是一个很好的想法。当你的学区或学校做出回应时,请听取他们对每个评价目的的解释——谁将使用这些信息以及他们将在此基础上做出哪些决定。它们是否被赋予清晰的定义?此外,还要听取有关每种评价对所测量的学习类型的解释。

问责性的测试

"为什么会有这么多的评价?"这个问题还有另外一个方面——大规模标准化测试用于问责。今天,地方、州和国家层面对学校问责的政策支持继续增强,这是因为他们相信增加大规模测试将迫使学校提高质量。正如我们之前所表明的那样,这些测试为政策制定者和教育者提供了关于学生和学校成就表现的信息,以便制定程序性、教学性和问责性的决策。他们还允许在学生之间和学校之间做出比较。此外,标准化测试通常会被作为一种复杂的制裁和奖励制度的基础,目前已在全国许多地区和州得到广泛运用。

教育工作者关于教育问责性的测试在改善学校的有效性以及测试本身的适用性等方面存在不同意见,但问题的关键不在于问责。毋庸置疑,学校应该公开报告学生们的表现;学校应该提供证据,证明学生的学习程度与学习水平。如果学校无法使得他们所服务的学生取得成功,那么迫使这些学校作出改进是正确的。

问题在于大规模标准化测试是否会改善学习。有些人认为,在这种背景下进行测试会适得其反,它实际上可能会扩大成功的学生和学困生之间的差距,而不是缩小这种差距。一些学生表明,大规模标准化测试对改善学生学习所造成的影响不大(Shepard, 2000)。这也是一些人所共同关注的问题,他们认为这种测试会对在校学生产生不公平,认为这些学校无法对进行必要改进所需的财政资源进行整合。

在本书中,我们不讨论这些测试是否是适合该任务的正确工具。但是,我们确信:它们并不是教育的一种灵丹妙药。尽管有些人认为这些测试在被用作问责的支点时,可能会被证明是有效的,但是测试本身并不会成为创造卓越学校的催化剂。

在整本书中,我们提倡将评价方式与学校的改进相结合,这需要与大规模的问责性测试一起使用:促进学习的评价。研究和经验都强烈支持从国家层面进行改变,要运用评价去培养学生,而不仅仅是衡量和评定每个学生的学业成就。并且,在与评价结果有关的所有不同决策者和消费者中,必须将学生视为评价信息的主要用户。这种观念在课堂和学校中尚未成为常态,但我们认为它应当成为一种常态。如果我们真诚希望学生对自己的学习承担一定的责任,那么他们需要掌握有关信息以采取行动,包括他们所理解的信息;我们应该准确、直接且以一种鼓励他们继续学习的方式提供信息。积极参与评价过程的学生将从这些经验中学习,并取得更高水平的成就。当教师采用一系列将学生需求放在首位的实践,并要求学生深入参与课堂评价的各个方面时,课堂实践才能和研究的发现保持一致。

学校中的评价素养

因为评价的所有用途对学生的全面发展至关重要,所以评价结果——无论是在课堂上得到的还是通过外部考试得到的——都必须是准确的。我们的孩子所接受的任何评价都必须符合某些质量标准。评价的开发人员必须按部就班地理解并应用这些标准。换句话说,他们必须具备评价素养。具有评价素养的教师和管理人员,应该了解可靠的和不可靠的评估、评价以及交流等做法之间的区别。

- 他们了解使用哪种评价方法来收集有关学生成绩的可靠信息。
- 无论是使用成绩单、考试成绩、档案袋还是会议,他们都能有效地交流评价结果。
- 他们了解如何利用评价来最大限度地提高学生的学习动机和学习效果,让学生完全成为评价、记录和交流的正式伙伴。

你可能会惊讶地发现,在很多情况下,无论是教师还是管理员都既没有接受过有关准确评价学生成绩的培训,也没有接受过有关解释评价结果以最大限度地提高学生学习效果的培训。许多人没有机会学习,因此他们不理解可靠的和不可靠的评估、评价或评分等实践之间的区别。他们也没有意识到形成性评价的原则或促进学习的评价。我们将在下一章中更详细地描述研究发现,这些评价实践是提高学生成绩的关键。但在很大程度上,这些实践在课堂中是处于缺失状态的。

因此,虽然作为父母和社区成员的我们认为教师和学校知道评价什么、何时评价以及如何公平准确地评价,但情况往往不是这样。许多老师都意识到这一点,并想要一些机会了解更多信息。实行问责制的州或地方的测试计划的频率和共同需求不断增长,导致当地教育工作者比以往任何时候都更需要使用知识和技能,并以富有成效的方式交流学习证据。除了表面上的考试准备程序或过时的州考试版本之外,他们还需要了解为学生准备这些测试的其他选择。

教师陷入了需要我们帮助和理解的境地。他们面临的两难困境是如何在不牺牲课堂实际学习的情况下提高州的考试成绩。所有与改善教育有关的人都需要明确课堂评价和促进学习的评价所具有的关键作用,以及他们能够在提高学生的标准化评价学习成绩上所起的作用。尽管最优秀的教师和校长可能会努力平衡这两种需求,但如果没有扎实的评价素养,他们就不可能取得成功。

显然,如果我们要避免标准化测试的不当使用可能导致的真正危害,就必须解决这种问题。如果我们想要在每个教室中改进学习,具有评价素养的教师就需要在每堂课中运用促进学习的评价原则。

本章重要观点

- 评价是收集学生学业成就证据的过程。
- 今天,学校中的不同群体都需要评价信息——无论是课堂、学校还是政策层面上的群体。
- 评价在学校改进中的作用继续朝着更加依赖标准化评价的方向发展。但是,促进学习的评价为促成学生的成功提供了更广阔的前景。

- 今天的学校要对帮助学生达到标准负责,而不仅仅是将学生按等级排序。

- 如果要为用户提供良好的服务,所有评价都需要提供有关学生学业成就相关的准确信息。要做到这一点,所有教育工作者都需要具备评价素养,理解可靠的课堂评价实践的原则。

- 我们利用大部分评价资源为地方、州和国家层面的标准化测试提供资金,因此,课堂评价的准确性和效益以及学生学习的结果都受到了影响。

第 2 章

将学生的动机和评价联系起来

动机如何起作用?

你如何激励孩子做事?设想你正试图让你的孩子们打扫他们的卧室。有的孩子打扫房间可能是因为这是一种习惯,有的孩子可能是因为这是一件正确的事,又或者因为他喜欢整洁的房间。有的孩子这样做是因为打扫房间能够获得零花钱或某些特权。还有的孩子这样做是为了避免不好的后果。然而,还有的孩子会采用"磨时间"策略,并希望我们忍受不了自己的质问、命令、恳求,最后让我们自己去做。

隐藏在这幅图景背后的动机可以分为内在(内部)动机或外在(外部)动机。当我们依靠孩子的内在动机,让他们去完成某些事情时,我们的孩子想做这件事,要么是因为他们重视结果(例如,想要得到一个整洁的房间),要么是因为他们本身就喜欢做这件事(把东西收拾好,找到遗失已久的宝贝)。如果我们的孩子没有内在动机完成任务,我们便会依赖外在动机。在这种情况下,我们的孩子将进行这项活动,要么为获得他们所想要的奖励(零花钱、某种特权),要么为避免不这样做的不良后果(不能看电视、上网)。当内在动机和外在动机都不起作用时,任务就无法完成,除非我们替他们完成。

将评价作为学校的一种激励因素

学校采用什么策略来激励孩子学习以及他们的学业表现如何?一种传统的方法是使用等级作为外在动机。当成绩作为奖励时,让我们按照这一思路思考一下:"如果你努力学习（被期望的行为），你会学得很好（期望的结果）；如果你学得很好，你将获得好成绩（奖励）。获得好成绩，你将能够毕业（奖励）。以优异的成绩毕业，你将进入大学/获得一份好工作（奖励）。"这种奖励机制似乎对一些学生来说十分奏效。那些通常取得好成绩的人将继续为好成绩而努力。

当成绩作为惩罚时，让我们按照这一思路想一想："如果你不努力（不被期望的行为），你就不会做得好（不被期望的结果）；如果你做得不好，你会得到低分。如果你的成绩很低，你就不会毕业（惩罚）。如果你没有毕业，你将无法上大学/得到一份好工作（惩罚）。"为了避免将来受到惩罚，学生将更加努力，在某些情况下确实会发生这种情况。有些学生更努力学习，并且下次尝试做得更好。但是，有些学生并非如此。低分不再对那些反复获得过低分的人起到威慑作用。成绩的激励效果是不可预测的，并且不太可能朝着我们希望的方向发挥作用。

同样的思路也适用于以衡量能力为目的的大规模标准化测试。我们可能希望较低的成绩能够激发出更多的努力，这将带来更高的学业成就。然而，对于许多表现不佳的学生来说，情况似乎并非如此。如果学生在公开报告的标准化考试中年复一年地得分较低，你预测会发生什么？他们的学习动机和对学习能力的自信会发生什么变化？那些学生还会想继续尝试吗？他们是否可能会更加努力以确保不会再次考出低分呢？

公共问责制下实施的"提高标准"的测试带来了考试焦虑，这种焦虑旨在激励学生有很好的表现——但它并不一定能激发学生尽最大努力地去学习（Stiggins，2001）。"艰难之路，唯勇者行"是我们都熟悉的格言，对于一些学生来说的确如此。对于那些过去的学习经历让他们期待，越努力就会更成功的学生而言，不断增加的压力是一种激励因素。但对于那些在学习中苦苦挣扎的学生来说会怎样呢？对于那些过去的学业成绩中存在很多失败经历的学生而言，提高标准的考试带来的是不断增加的无力感。当学生需要面对比此前期望值还要高的测试时，他们将认为这项测试是自己需要忍受的另一场公众尴尬事件。反复的失败经历导致许多学生采取"我不在乎"的态度来保护自己，惩罚已经失去了激励期望行为的作用。实施更高的标准是一件好事；但企图利用问责性测试的"恐吓"以使学生达到这些标准是行不通的。

很明显,有些情况下,评价会破坏一些学生的学习动机。确实,评价可以是破坏动机的最快、最有效的方法,但它也可以被当作一种恢复动机的工具,即使这些动机在过去遭到了破坏。为了阻止伤害并促进好的一方面,我们首先必须认识到,当把成绩作为惩罚或奖励时,不是所有学生都会以同样的方式对此进行回应。然后我们需要看看如何以不同的方式使用评价。为此,我们将需要探讨教育研究界如何在评价、动机和学生成绩之间建立富有成效的联系,以及如何避免破坏性的联系。

关于评价、动机与学生学业成就的研究

1998 年,两位英国研究人员保尔·布莱克(Paul Black)和迪伦·威廉(Dylan Wiliam)对 250 多项国际研究完成了比较全面的评论,这些研究探讨了形成性评价与提高学业成就之间的关系。他们的研究围绕三个具有引导性的问题展开:(1)改进后的形成性评价能否产生更好的学习?(2)是否需要改进形成性评价?(3)是否有关于如何改进形成性评价的证据?

改进后的形成性评价能否产生更好的学习?

他们的研究结果就像众所周知的"好消息—坏消息"的故事。首先是好消息:改进后的形成性评价可以显著提高各个水平学生的学业成绩(这些学生学业成绩水平的提高是通过标准化测试来衡量的)。学生从经历形成性评价中得到的学业成就收获,远远大于其他众所周知的干预措施所带来的收获,比如缩小班级规模。当教师使用高质量的形成性评价时,处于各个成绩水平的学生都会学到更多的东西。对成绩最差的学生产生了最大和最

积极的影响,这显然使学校在低社会经济水平和其他学生之间面临着成绩差距,他们可以采取具体行动来解决这个问题。另一条好消息是:这些学习成果将会在标准化考试中得到体现。

是否需要改进形成性评价?

对第二个问题的回答不太正面。研究表明,大多数教师根本不知道如何进行高质量的形成性评价。布莱克和威廉在报告中提到,今天课堂上的大部分评价仍然鼓励在较低的基础水平上学习,而且学生的作业数量往往比教师的工作质量更重要。大多数教师的课堂评价都是总结性的——模拟外部测试的设计或对学习的评价。此外,大多数课堂评价更多地关注评分,而不是为学生提供有用的改进建议。

是否有关于如何改进形成性评价的证据?

虽然有些报告模糊不清,但第三个问题的答案开始让这个问题明确起来。布莱克和威廉提出了改善课堂评价的三个行动方案:
- 提高评价本身的质量和准确性。
- 改变向学生提供反馈的方式——增加描述性反馈并减少评价性反馈。
- 让学生参与课堂评价。

准确的课堂评价

教师需要知道如何选择和开发能够准确描述学生成绩的评价。山姆的写作能力如何?

凯尔西学会了所必需的具体数学技能吗？这被称为评价素养。正如第1章中所言，我们将评价素养定义为以鼓励学习者继续学习的方式提供有关学生学习的准确信息的能力。布莱克和威廉（1998年）的研究结果表明，教育者需要有机会学习如何编写或选择好的评价，然后如何使用评价作为教学工具。我们将在第4章就保证评价的准确性进行讨论。

描述性反馈

　　想一想学生经常得到的关于他们学习的反馈：字母等级。一个字母等级、一个百分比、一个对勾、一个笑脸、"做得好"或"做得不好"这几个字。很多时候，我们没有解释这份作业的哪些特点使他们获得了这样的评价。这就是布莱克和威廉提到的评价性反馈。它可能在总结一段时间的学习方面有用，但它不能作为促进学习的工具。在某些情况下，评价性反馈会降低学习者的动机并阻碍其进一步的学业成就。

　　然而，研究人员发现，关于作业本身质量或特征的描述性反馈——具体的评论对学习者的动机和学习有积极影响。描述性反馈可以指出作业中的优点或缺点，它向学生提供有关他们所做作业质量的具体信息，帮助他们了解自己正在做什么以及可以做些什么来改进。关于写作任务的描述性反馈可能如下所示："当你解释青蛙的种群时，你使用的生动细节使它看起来很真实"、"本文的句子结构赋予它节奏感和流畅性"、"你的文章中使用了连续的句子"，等等。

　　要了解评价和描述性反馈可能对孩子产生的不同影响，我们可以设想，如果一个四年级的孩子收到一份试卷顶部带有"－7"和"N"（用于工作需要）的数学试卷。当被问及这意味着什么时，她说，"我不擅长数学"，仔细看看这张试卷，你会发现有几个问题测试她能否减去需要"借用"的数字，有几个问题与几何形状有关，有几个问题测试数字的位值，有几个问题要求她为阴影部分写分数，有几个问题要求她通过写数字排序来代表图片。如果试卷上的反馈可以打破传统（笼统、模糊的评价），代替"－7"和"N"，那么她可以看到自己擅长什么以及还需要做什么。

描述性反馈可能看起来像这样："你很好地辨别了几何形状，理解了位值，写出了准确的数字顺序。要做的事情：写分数和做退位减法。"

这两种形式的反馈，哪一种对你自己的孩子更有帮助？你更想收到哪种反馈？无论是对数学很擅长或是正在努力的学生，都需要能够说出他们所知道的内容，并且知道接下来要做什么。这就是应该为学习者提供的反馈——让她知道自己在每一个项目上所学到的知识，以及自己需要关注的内容。这两种形式的反馈中哪一种更能激励孩子继续学习数学呢？

例如"努力！"或者"你努力了！"这样的评语又如何呢？它们是一种评价性反馈，通常用于激励那些没有努力、即便正在努力但还没有取得成效的学生。虽然这类评语本身出于善意，但由于两个原因，这种反馈并不能有助于提高学习。首先，这种评语奖励没有任何学业成就的努力，它传达的是对"努力"的反馈信息，而不是对"学习"的反馈信息，而有关"学习"的反馈信息才是评价中最重要的。结果怎样呢？这只会让学生努力使自己看起来像是在努力学习的学生。其次，有研究已经表明：这种专注于学习者而不是学习的反馈会对学习动机产生负面影响。当表现不佳的学生只能听到"努力！"时，他们倾向于认为自己没有能力取得成功。他们尝试过，但没有成效，并且评价者给出的唯一信息是他们努力了。提供这种反馈，对于学习者今后的学习而言，可能比不提供任何反馈更具伤害性（Atkin，Black和Coffey，2001）。

当评价旨在提升学生的动机和学习时，建设性的反馈应该是：

- 告知学生他们做得好的地方，发现优势并提供有助于学生进一步发展的信息。
- 描述答案正确或不正确的原因以确保学生能理解。
- 告诉学生他们现在相对于既定学习目标的位置。
- 用清晰、建设性的语言解释学生需要如何来改进。
- 帮助学生制定自己的改进策略。

提高学习既不取决于有无反馈，也不取决于反馈的数量，而是取决于它与学业的成就目标的直接联系所产生的作用(Atkin，Black 和 Coffey，2001)。描述性反馈指导学生实现成就目标，帮助他们及时地知道自己与目标的差距，并找到应该采取的调节策略以达到这些目标。

学生参与评价

布莱克和威廉(1998 年)的第三个发现，即让学生参与评价过程将能提高他们的学习，这对我们大多数人来说是一个陌生的概念。乍一看，这难道不像是在作弊吗？但其实并非如此：让学生参与评价不是让学生来决定要学什么，不是让学生控制将要测试的内容，也不是让学生决定他们的成绩。

想象一下，如果你在带一群孩子划船过一个湖，一次只能带一个孩子。第一个孩子想要完全由自己来划船。你的任务是向他提供关于船只向目的地前进的指导——"你正朝着着陆点前进"，并在船只偏离航线时提供建议——"左桨再用力一点"。第二个孩子想要和你一起划船。你们各自拿一个桨，然后你与孩子划船的状态相适应，这样你就可以指导出一条笔直的航线，同时不间断地提供指导——"划得很平衡"，或者"把桨划得更深一些"。第三个孩子静静地坐在船上，让你可以不受干扰地划船。第四个孩子蹦蹦跳跳，将身体部位放入水中，把划船当成一种繁琐无趣的杂务。第五个孩子不会留在船上，所以你可以到达目的地的唯一方法就是把这个孩子绑在船尾(当然是穿着救生圈的)，并竭尽全力地去划船。

如果所有学生对学校的感觉都像第一个孩子划船那样，那会不会很棒？她只需要看到目标，不受外界的干扰。第二个孩子需要看到目标并从自己划船的描述性反馈中获益。第三个孩子需要看到目标，明白自己的部分任务是划船，并有信心地拿起其中的一个桨。第四个和第五个孩子完全脱离了划船的过程。研究表明，形成性评价，特别是学生参与评价，可以帮助所有的孩子，但最为戏剧性的结果却是"第四个和第五个划船的孩子"，正在困境中挣扎或正脱离学习的学习者。

那么什么是学生参与评价呢？我们所知道的最有效的做法关注的是，将学生作为评价信息和教师反馈的用户，以掌控他们自己的进步和学习。围绕这一做法，每个学习者需要不时地询问和回答的三个问题：我想要去哪里？我现在在哪里？我需要采取什么具体行动才能缩小差距？（Sadler，1989；Atkin，Black 和 Coffey，2001）

我想去哪里？

当学生理解了他们想要实现的目标，实现它的目的以及成功的样子时，学习才会变得更加容易。因此，有意义的学生参与的第一步是让学生知道我们希望他们实现的目标。坐在小船上，想让你来划船的孩子，可能对目的并没有清晰的认识，甚至对他应该知道目的这件事本身也毫无概念。"我不应该只是坐在这里吗？老师，我按照你的想法来做，你怎么说，我就怎么做。"我们相信，用理查德·斯蒂金斯（Rick Stiggins）的话来说，"学生们可以实现他们能看到的任何目标，并且他们能够为了目标坚持不懈"。"学校必须在教学之前和课程开始之前，以可理解的语言与学生交流学习目标。"（我们将在第 3 章中详细地描述学校让学生掌握的学习目标。）

相对于目标而言，我现在在哪里？

学生可以使用形成性评价中教师的反馈来了解他们相对于既定学习目标的位置。至关重要的是，计划"课程调整"的反馈以鼓励学习者继续前进——它既应描述学习者做得好的地方，又应提供改进的方向。

此外，学生可以练习将自己的作业与高质量的范例进行比较，并找出差异。他们还可以参与课堂讨论，回顾教师已经教过的内容，或通过回答问题各自反思自身相对于目标所学到的知识。所有这些策略都有助于学生确定他们现在在哪里以及如何改进,这是他们认识到自身的学习动机和实现最终成功的关键。

我需要采取什么具体行动才能缩小差距?

促进学习的评价有助于学生了解如何从当前的位置向最终的学习目标靠近(Clark,2001)。要让学生达到学习目标,必须让他们全面参与分析评价数据,理解目标并采取行动,以实现下一个目标。学生必须使用提问策略来缩小他们当前的水平与他们需要达到的水平之间的差距:

- 为了提高质量,我需要在学习中改变什么?
- 做这些改变需要哪些具体的帮助?
- 我可以从谁那里获得帮助?
- 我需要哪些资源?

向学生提供稳定的描述性反馈,可以使学生围绕质量的构成要素进行持续的自我评价。在学习过程中,让学生保持对学习质量的关注,有助于他们制定下一步的学习计划(Sadler,1989)。

自我评价和反省性思维几乎处于每个学生的掌握和能力范围之内。在我们的青年时代,很少有人接触过这种评价环境。通常情况下,我们当时所经历的评价环境关于教与学的核心观点对今天的大多数学生不起作用:教师先教,然后测试。这将学习最大化,但也将焦虑最大化。如果学生没有按照预定的速度学习,那就太糟糕了。老师和全班继续前进,不学习的学生只能排在最后几名。今天,促进学习的评价鼓励教师开展教学,在教学的过程中不断评价进步,并调整教学以使所有的学生受益(Shepard,2001)。

评价会让人产生恐惧、焦虑和失败的感觉。但它不应该如此。在训练有素的教师手中,它可以是一系列日常经验,通过这一经验可以培养自信,向学习者展示自己学习的方式和特征,让学习者深入参与到评价过程中,并在整个过程中监控且与他人交流自己的进步。

作为父母，我们该如何得知学校是否有让学生参与到评价过程之中呢？如果学生参与到了评价之中，那么日常教学中可能包括以下一项或多项活动：

- 教师直接与学生合作，以确定良好表现的特点。
- 学生使用量表和评价标准来评价匿名作品的质量，然后找出自己作业中的优缺点。
- 教师在学习之初使用诊断性评价。
- 教师让学生参与创建练习的测试。
- 学生根据他们对要实现的学习目标的理解以及学习材料的基本概念，草拟练习测试的"蓝本"。
- 学生在成长记录袋中积累自己进步的证据。
- 学生谈论他们的成长，并知道他们何时接近成功。
- 学生参与家长会议。
- 学生能够明确自己下一步的学习。

这只有在教师清楚地了解学生要达到的目标，掌握有关学生成绩的准确信息，知道如何提供描述性反馈以及如何帮助学生自我评价的情况下才有效。在教师备课中，所有这些都可以教授并使教师和学生进行实践。如果要想建立"关于学习的评价"（assessment of learning）和"促进学习的评价"（assessment for learning）相平衡的评价系统，那么决策者必须关注这个问题。

本章重要观点

- 并非所有学生都会通过更加努力地学习来应对高利害测验带来的"恐吓"。
- "关于学习的评价"和"促进学习的评价"两者相互平衡的评价环境最能保持学生的

成功、信心和努力。

- 促进学习的评价环境依赖于学生参与评价、记录和交流的情况，以使学生保持对学习的追踪并进行尝试。

- 促进学习的评价依赖于描述性而非判断性的反馈，以帮助学生了解如何取得成功。

- 由于缺少机会学习有效的课堂评价原则，许多教师不知道如何实施形成性评价。

第 3 章

学生学习什么：标准、课程和学习目标

我们期望学生在每个表现领域都能从学校和教师那里获得很多。当谈到课程时，书面的课程指南明确说明了教师应该教的和学生应该学的内容，我们的期望可能是最高的。除了基本的数学、科学、社会学以及对每个课堂都同样重要的阅读和写作知识与技能之外，在教学时间上，学校内外还有许多相互竞争的利益。包括世界语言、道德、音乐和艺术、公民身份、性别、思维能力、品格教育、预防药物滥用、服务学习、研究技能、技术和许多其他可以关注的话题。即使没有组织上和外部的压力，大多数教师也想使用一种具有内部压力的测试去"覆盖"他们个人认为很重要的所有内容。并且在此基础上，教师努力将其与"深刻理解与掌握必要的事实性知识"相平衡。"要教的还很多，但时间又太少"对许多教师来说是一件令人沮丧且老生常谈的事情。

作为家长、社区成员和教育工作者，我们可能并不同意教师教的和学生学的最重要的内容。但即使对重要的内容有不同的见解，我们也可能就一件事达成一致：鉴于我们教育体系的现有结构（每年的上学天数、上学时间的时数、平均每班人数等），我们无法将我们重视的一切都融入到 K-12 阶段的学习经历之中。

因此，由于课堂教学的时间非常宝贵，学区和学校必须在每个科目中明确规定学生应该学习什么。如果没有书面课程作为教学和学习的路线图，学生因为老师或年级不同而体验到迥异的学习经历的风险则会增加。另外，缺乏连贯性也会导致学生逐年体会到越来越大的问题。缺乏明确的课程是导致学生成绩差距的部分原因，即高中毕业生对于知识、技能的掌握水平和为升学、就业所做准备的齐全程度高低有别。在没有书面课程的情况下，师生可用于学习的宝贵而有限的时间就可能会被浪费，并且无法弥补。

我们的学校不仅要对学生的考试成绩负责，为了让学生达到更高的标准，我们还需要确保当地的学校社区已经深思熟虑地回答了这个问题："学习的更高标准是什么？"

什么是课程?

本章将帮助你了解学校的课程或学习期望,以及它们为何变得如此重要的原因。学校使用许多不同的名称来标记我们的学生将要学习的内容。根据场合的不同,这些术语可以互换或以不同的方式使用。出于本书的目的,我们将通过以下方式使用下列术语:

内容标准

内容标准是对每个学科领域(数学、英语、阅读、社会学、科学、健康、艺术、音乐、体育等)的广泛说明,它明确了学生应该知道什么和能够做什么。它们通常由州和/或学区开发。此外,内容标准由国家组织编写,如全国数学教师委员会(National Council of Teachers of Mathematics, NCTM)。以数学内容标准为例,如:理解并应用测量概念的基本属性和高级属性。

课程

课程是内容标准更为具体化的表现形式,它通常规定了某个年级各学科领域的学习内容。课程由学科说明或学习目标组成,并在该学科中教授。先前的数学内容标准可能由某年级的两个课程目标所支撑,例如:了解基本测量单位——长度、宽度、高度、重量和温度。

学习目标

学习目标是学习期望最为具体的形式,它定义了每堂课的目标。它们是较小的、可教授的和可评价的学习部分,构成了更大的整体的课程目标。单独的课堂学习目标巩固和支持了内容标准,并引导学生证明他们能够为达标做准备。举一个二年级的学习目标有助于构成数学内容标准和课程目标的例子:测量长度精确到英寸和厘米。

今天的课程有什么不同?

在上一章中,我们探讨了为什么评价在过去十年中发生了变化。我们注意到的一个主要原因是课程本身已经发生改变。在州和地方层面,它现在包括难以被评价的学习期望。表 3.1 记录了课程的一些基本变化,这反过来又影响了评价。

表 3.1　课程的转变

转变前	转变后
● 不明确或未公开的期望	● 发布统一标准供大家参考
● 让学生猜测成功的关键	● 使学生获得获取成功的关键
● 与校外生活缺少联系	● 为终身学习奠定基础
● 定义要涵盖的材料	● 定义要学习的材料
● 教师对课程期望的差异很大	● 教师的期望较为一致
● 强调内容的细节	● 强调掌握的深度
● 强调记忆	● 强调理解
● 与先前或将来年级知识水平的联系意识不强	● 不同年级间的持续进步
● 旨在认为学生是被动地学习	● 旨在相信学习需要积极地参与

这些转变导致了一种需求和愿望,即评价不仅要衡量学生的知识,还要测量他们能够用所知道的知识做些什么。我们期望学生了解某些事情,并希望他们能够运用这些知识,以能够反映 21 世纪劳动力市场所不断变化的需求和日益多元化的社会需要。我们仍然想让学生了解这些事实。然而,今天的内容标准还要求学生使用这些知识来形成更深入的理

解、比较和对比、分析和评价。其他标准要求他们使用知识，对其进行巧妙运用并创建高质量的成果。因此，我们的学校必须能够评价学科的内容知识以及构成当今学术标准的复杂思维、问题解决能力、表现技能与成果开发能力（Stiggins，2001）。

课堂的学习目标：四种类型

由于越来越广泛的学习目标对学校的评价提出了更大的挑战，让我们来仔细研究一下这些学习目标。我们将它们分为四类：知识、推理、技能和成果，以帮助您了解当今各种学习期望之间的差异。

知识性目标

知识性学习目标代表了为每个学科提供基础的基本学科事实性知识，如数学、社会学、科学、文学、健康等。包括了解乘法运算、政府的三个机构、昆虫的部位以及常用词的拼写等例子。知识性目标可能比这些更复杂，包括需要理解概念的目标，例如何时在数学问题解决方案中使用维恩图、政府中的制衡系统、食物网的运作以及能够找到故事中的主要人物。从本质上讲，他们是关于从记忆中回忆信息，这对一个或多个主题的练习很重要。

我们有第二种知识性学习目标，因为虽然必须记住一些信息——直接学习——知道如何找到其他类型的信息更有实际意义。我们的孩子也必须学会获取他们记忆之外的资源。在这个时代，我们越来越不能将所有需要知道的事物存储在我们的记忆库中，而是只要查阅大量重要知识，并知道在哪里找到它就足够了。知道如何查找信息是第二种了解的方式，当其作为知识性目标出现时，它要求学生学习如何使用参考资料、互联网和其他来源查找信息。

推理性目标

除了知道某些事物、知道在哪里找到它并理解它之外，我们希望我们的孩子还能够使用他们的知识进行推理并解决实际问题。学校中的每个内容领域都具有其推理形式，这些形式对于学校以外的生活实践具有重要意义。例如，思考我们在社会课上学到的事实，思考社会学该做些什么。从事社会学的研究者靠什么谋生？政治家、社会学家、经济学家、历史学家、民意测评专家、律师、地理学家需要在这些领域取得哪些成就？例如：历史学家必须能够比较事件的不同成因，评价每个来源的可信度，并得出最有可能发生的事情的结论。因此，社会学课程将包括推理这一学习目标，如比较、评价和得出结论。推理性目标建立在这个知识的基础上：没有"无知识"的推理。每个学科的课程应该表现该学科的重要知识，以及在学校外应用该学科所必需的推理方式。

技能性目标

在绝大多数学校学科中，第三种目标是——技能性目标，它构成了一部分重要学习的内容。在阅读中，学生必须学习如何通过视觉（知识）阅读某些单词，如何从特定的实例推广到更广泛的情境中（推理），以及如何用面部表情、语音语调等表达方法（技能）大声地朗读。在体育课上，学生可以学习排球的规则（知识）以及如何发球（技能）。在日语课上，学生记住某些单词并学习正确的单词顺序（知识），也可以学习如何与商店中的店主交谈（技能）。在生物课上，学生可以学习植物的分类（知识），学习如何比较不同的植物（推理），以及如何在显微镜下创建幻灯片（技能）。技能性学习目标建立在知识和推理的基础之上。

成果性目标

此外,大多数学校学科都包括成果性学习目标,在这一目标中,我们要求学生使用他们的知识和推理能力来创造优秀的成果。成果性目标的例子有:在英语课上撰写研究报告,撰写一个假设来指导科学课中的实验,创建一个图表来表示数学课中的数据,以及创建一个博物馆式的展览来解释社会学课上的一个历史事件。在上述的每种案例中,成果本身对于在学校以外实践该学科非常重要。与技能性目标一样,成果性目标建立在知识和推理性目标的基础之上,它们通常也建立在技能性目标的基础之上。

这四种学习目标代表了我们的孩子在教育过程中会经历的成就期望的范围(表3.2)。

表 3.2 学业成就目标样例

成就目标	知道与理解	推理	技能	成果
阅读	视觉词汇;文章所要求的背景知识	对文章进行加工并理解其内涵	流利地进行口语阅读	
写作	交流所需的词汇;使用方法;关于主题的知识	选择词汇和句法要素以传达信息;评价文本质量	字母组成;键盘输入技能	原创作文样本
音乐	乐器;识记乐谱	评价音质	弹奏乐器;控制呼吸	谱曲的原创作品
科学	科学事实与概念	假设的验证;对物种分类	正确操作实验仪器	书面实验报告;科学展览模型
数学	数的意义;数学事实;计数系统	识别并应用算法解决问题	巧妙地解决问题	用图表展示数据

上述所有学习目标不仅是构成均衡课程的基础,而且也是构成优质评价的基础,以确保学生能够以富有成效的方式使用他们所知道的知识。如果教师要利用评价来规划个人

和学生群体的学习进程，检查学习进展情况并提供反馈，提醒个人在学习旅途中可能面临的障碍，以及当学生到达目的地时，给予表扬和庆祝，那么清晰的学习目标是必不可少的。如果目标不清楚或缺失，则无法做到这一点。

将学习目标分为四类，可以帮助我们了解教师为什么使用不同的评价方法。教师选择适当的评价方法来衡量不同的目标，可以增加我们对学生成就的了解，使我们能够形成更加完整和准确的学生学习图景。这实际上是评价质量的要求，我们将在下一章中对其进行解释。

谁会从被定义的课程中受益？

雷切尔的妈妈："你今天在学校做了什么？"

雷切尔："我们进行了阅读。"

雷切尔的妈妈："你在阅读中学到了什么？"

雷切尔："我不知道。我们只是读过了。"

布拉德的妈妈："你今天在学校做了什么？"

布拉德："我们进行了阅读。"

布拉德的妈妈："你在阅读中学到了什么？"

布拉德："我们学会了如何比较故事中的两个角色。"

雷切尔和布拉德在同一所学校的两个不同的教室里学习如何阅读。他们今天都参加了同样的阅读活动。然而布拉德知道学习目标是什么，雷切尔却并不知道，因为布拉德的老师区分了一项活动（阅读）和实际的学习目标（比较两个人物），并且还就学习目标与她的学生进行了交流。

对教学的益处

雷切尔的经历说明了一个老生常谈的问题，产生这一问题的部分原因，在于课程编写得不好或根本就没有课程：教的是活动而不是预先定义好的学习目标。学生经常用一系列的主题式清单来回答"你今天在学校做了什么"这个问题，如："鲸鱼"、"美洲原住民"、"非洲"或"分数"等。他们无法具体说明关于鲸鱼的哪些方面是学习目标。鲸鱼这一主题是被用来教授对动物栖息地的理解、比较和对比推理、报告写作的途径吗？选择这一主题是因为它非常契合预期的学习目标吗？又或者老师选择"鲸鱼"是因为这是孩子们最喜欢的话题吗？它是一个作为背景的话题，还是一个可供学生参与的有趣活动？我们确实希望孩子们学习的话题受到高度关注，由那些准备充分的人去教他们，并且尽可能将有趣的活动纳入其中。这些是选择学习主题的充分理由。但他们没有定义学习什么，因此"鲸鱼"不是一个学习目标。

如果各个年级没有精心编排、明确定义的学习目标，学校的教师可能会教授主题——关于每个学科的一系列分支学科的事实。当评价学习时，评价变成了一场争夺，在这场争夺中，我们对学生为从事活动而产生的结果进行等级划分，但是，这并没有对每个学生已经学到的东西进行可靠的解释，因为这些活动都是在没有考虑学习目标的基础上进行设计和选择的。

在这一点上，你可能会想，"这难道不是教科书应该承担的责任吗？它们不是要逐章、逐个单元地列出要学习的重点内容吗？它们难道没有将内容与测试相匹配吗？"我们的答案是："是的，是的。"教科书确实围绕着一系列学习目标而设计，并且通常会附带现成的评价来衡量这些学习目标的实现情况。但教科书不能代表课程，有许多理由可以佐证这一点。

首先最重要的是，当今市场上大多数教科书的内容都经过了精心挑选，以代表学区或国家可能希望在年级水平上教授该课程的所有内容。地区或州会寻找与其内容标准最为匹配的一系列教科书予以采用。并非每个地区或州都在每个科目的所有年级中列出相同的内容标准,因此教科书开发人员希望尽可能多地包含这些内容。因此,在许多情况下,教科书中的内容远远超过一年内教师可以教授和学生可以学习的内容。

当教师被要求在年底之前需要完成这些教学任务时,许多人感到自己被迫以超过某些学生学习的速度来加快教学的进度。仅这一点就可能导致一些学生掉队——教师需要覆盖课文中的所有内容。或者,如果教师决定调整教学进度以使学生有时间学习,他们必须有选择性地挑选教科书中的某些部分进行教学,并将另外的一些部分省略。如果没有适当的课程来为教师提供相关指导,我们无法保证他们能够选取最重要的课程内容,并且这也会导致每个班级所学的课程内容并不一致。在这种情况下,在数学这样的科目中,从低一年级不同班级升到高一年级的学生将会有非常不同的知识基础,并且可能由于之前的教师个人在课程上的决策,以至孩子可能没有为升级做好准备。书面课程作为一种指导,使教师能够从所有将要教授的内容中明智地选择可以去教的。同样重要的是,它围绕着教师应该评价的内容。

对学习的益处

"你今天在学校做了什么?"

"我们学了数学"或者"我们学了小数"。又或者是"我们学了第 152 页"、"我们学会了如何读小数并按顺序排列"。

"数学"是一门学科,"小数"是一个主题,"数学书中的第 152 页"是一种资源,"读小数并按顺序排列"是一个学习目标。你注意到它们之间的差异了吗?

我们认为,之所以我们需要书面课程,最重要的一点是因为这样一来,学生就可以知道他们应该学习什么,追踪自己的进步,并为自己的进一步努力设定目标。没有这些知识,我们的孩子就不能成为我们所希望的独立自主的学习者,并且,作为父母,我们将不知道如何支持这些年轻的或不那么年轻的学习者。

想想布丽安娜(Brianna)和杰文(Jevon)学习如何拼写的经历。布丽安娜知道她正在学习拼写，但是杰文知道他正在学习如何拼写"长音"单词。他们两个人都能够很好地拼写"短音"单词，并且最初都在拼写"长音"单词上有些困难。当要求他们报告拼写单词的进展时，布丽安娜只知道她曾经擅长拼写而现在不行，杰文知道他在拼写"长音"单词上比较困难，但他擅长拼写"短音"单词。布丽安娜可能认为她必须"更加努力"，或者学习更多的单词。她会想要变得更好，但是没有足够多的信息来指导她进行努力。而杰文将会专注于他的学习，并且他的父母会知道如何在家帮助他。他可以告诉他们！即使两个学生都在经历同样的学习"高峰"，但布丽安娜仍然是一个沮丧的学习者，而杰文正在发展自己作为学习者的信心。

对问责性测试的益处

当用于问责性的测试准确地反映了在州一级建立的内容标准时，那么创建符合州内容标准的本地课程会产生以下好处：

- 学生将有机会学习评价他们学习的那些东西。
- 问责性测试的结果将与课堂评价的结果相匹配。
- 考试成绩将提高。

具体地说，当课堂评价与地区课程相一致时，当地区课程与州内容标准保持一致，并且选择或设计的基于问责的大规模总结性评价和那些相同的内容标准相一致时，我们的学校则会对他们所教的内容进度进行测试和汇报。研究反复表明，当教师使用精心编制的课程来计划他们的教学，然后选择针对特定学习目标的教材和课程时，学生的成绩会得到提升。教学对学习成就的影响比所有社会经济因素加起来还要大得多。学业成就的最大障碍（包括通过问责性测试测量的学业成就），并不是一个学生在进入学校时所拥有的背景。有效的教学甚至可以克服最令人畏惧的成就差距，并且，有效的教学从精心编制的课程开始(Schmoker，2002)。

书面课程、教学内容和测试内容的一致性能够抵得上几周，甚至几个月的疯狂努力，以"让学生为下个月即将进行的州的大型测试做好准备"，因为一部分作为常规课堂教学所学习的内容将在标准化测试中进行测试。因此，没有学生或家长会对州测试的结果感到惊喜：这些分数反映了学生已经在课堂上表现出来的学业水平和质量。

这仅适用于创建或选择问责性测试以测量具体的内容标准的情况。这些测试通常被描述为"标准参照的"，我们将在第 5 章中解释它们。（在这些测试中添加"高利害"要素可能会减少或否定编写良好的课程所带来的好处。我们将在第 5 章中对此进行讨论。）此外，内容标准和本地课程必须真实地衡量重要的学习。如果国家标准导致本地课程过于宽泛，那么其将无法在各年级教授，如果课程编写得不好，那么教师必须对每个短语的意图冥思苦想，或者如果当地课程与州标准和评价不一致，那么学生将没有机会获得在教学上和测量上被认为是重要的学习。

家长能够从书面课程中了解什么？

大多数父母可能经历过开放日（Open House）、课程之夜（Curriculum Night）或其他类似的返校活动，在活动中教师描述了他们为学生做的年度准备。你可以阅读本年度的整体课程目标、可以查看孩子将使用到的书籍，甚至了解孩子的学习将被如何评价。许多学校早早地将这些活动安排在秋季，以解释在接下来的一年，孩子们将要做些什么。如果你没有机会通过学校活动了解自己孩子的成就期望，你可以从学校或学区办公室中索取孩子所在年级的课程复印件。

每所学校的课程编制和组织方式可能有很大差异。我们建议你寻找以下特点：首先，有一个书面课程。良好的书面课程非常具体，代表着知识、推理、技能和成果性学习目标（如果适用）。并且，它和州的课程标准相一致。另外，会有家长版本的课程标准，它以日常用语来编写，并清楚地表达了不同年级水平的学习期望。它并非是对国家多年基准、一系列目标或一般主题的重述。虽然，并非所有家长和社区成员都认为有必要了解当地学校年级课程的详细信息。但是，我们每个人都应该关注那些需要它和那些感兴趣的人，是否能够获得相关年级的具体信息。

如果我们提出以下问题，我们的父母可以更有效地帮助我们的孩子：

1. 我的孩子今年将学到什么？

2. 我怎么知道我的孩子是否学习过它，以及学得怎样？

3. 我的孩子将如何知道他或她已经学会了？

4. 我能做些什么来帮助我的孩子在所教授的具体学习目标上做得好？

我的孩子今年将学习什么？学区和学校提供越来越多的信息来回答这个问题。许多地区已经制定了一套综合全面的 K-12 阶段的学习期望，并且，这些期望与州和/或国家层面的内容标准相一致。目前，50 个州中有 49 个州制定了学术标准，其中许多是教师、家长和社区成员的参与。许多学校都有明确且具有挑战性的年级课程，旨在帮助学生达到更广泛的州标准。此外，许多地区正在将他们每个年级的课程文件相关联以供公众审查。他们编写了课程以便每年的学习期望都与之前和之后的内容进行关联。这样，随着年级水平的提高，教学和学习变得越来越复杂并具有挑战性，以便让学生达到高中毕业所应具备的能力。幸运的是，在一些地区已经实施了这样的措施，教师们越来越有目的地进行计划和教学，并且成为测量学生进步的大规模测试结果的细心的消费者。

我和我的孩子如何知道他们是否已经掌握了学习目标，以及掌握的程度如何呢？在没有书面课程或把书面课程搁置在书架上的学校和教室里，对第二个问题没有很好的答案。除非学生需要掌握的成就目标已经提前确定，并以他们能够理解的方式与他们沟通，否则根本不可能对学生进行良好或准确的评价。国家的内容标准没有开发成为不同年级水平的课程：他们没有为课堂中的教师提供充分的指导。如果教科书代表了课程，我们会遭遇两种危险：一是教师将被迫"覆盖"而不是教授大部分内容；二是他们在没有共同商定优先重要的内容是哪些的情况下，自己选择教授什么。尽管基于标准体系的课程开发最近取得了进步,并且也有太多的学生想在学校中尽自己最大的努力去学习,但他们并不知道自己被要求学习什么以及为什么要学习。因此,在已建立内容标准的州和地区,仍然需要制定具体的详细课程,以便教师、特别是新手教师,能够知道教什么。

我能做些什么来帮助我的孩子在所教授的具体学习目标上取得好成绩呢? 我们作为父母可以通过多种方式来提供帮助,但所有的这些帮助都取决于我们要知道孩子们在学习什么。首先,我们可以向孩子们提出更为具体的问题。而不是问:"你今天在学校做了什么?"我们可以问:"你本周在数学方面学到了什么?"掌握了可以理解的年级课程,我们可以帮助孩子明确哪些学习目标表现了他们的优势,以及哪些他们仍然需要继续努力。(我在拼写同音异义词方面做得越来越好。同音异义词是听起来相似,但拼写不同且含义不同的词,如"pair"和"pear"。)当预期的学习清晰时,我们会为帮助孩子完成家庭作业做更好的准备。回想一下杰文关于拼写的经历。他的父母知道如何集中精力辅导孩子完成家庭作业——帮助杰文练习拼写"长音"单词。如果你的生活和我们一样,你在工作日的夜晚并没有很多闲暇时间。那么我们都会非常感谢这些信息,它们告诉我们在哪里付出努力能够取得最大的成效。

当前的困难和挑战

在每个年级的每个教室中实施具有挑战性的学术课程,这对于许多学区来说本身就是一项具有挑战性的任务。编制特定的年级课程以符合州标准,选择或创建课堂评价来评价它们在学区层面所需要的时间和资源。内容标准通常广泛地涵盖了一系列年级水平——学区必须充实它们以便为教师创建可用的文件。在许多情况下,教师仍需要将其年级或学科领域的课程进一步细分为较小的可教学和可评价的目标。最后,由教师决定在课堂上教什么。孩子的教育质量既受到现有课程质量的影响,又受到教师在多大程度上决定遵照该课程的影响。

教师作为目标的主人

对有效学校而言，一个必要的基础是教师要有信心和能力帮助学生达成所要掌握的目标。过去 20 年的研究表明，影响学生成绩的最大因素是教学质量。这种质量始于教师对学科内容知识的掌握情况。一旦编制了课程，它就对高质量的教育至关重要，所有教师都要掌握他们负责教学的目标。不能期望学生学习那些连教师自己都不懂的东西，这些内容也无法有效地被用于教学或者评价。现在大多数州都有严格的标准，教师的学科内容知识对学生的成功变得更加重要。不幸的是，最近的调查表明，许多教师并不认为他们在教学标准方面得到了足够的支持，他们所获得的大部分专业发展与内容标准缺少密切的联系。

本章重要观点

- 学区需要有高质量的书面课程来指导教学和学习。

- 高质量的书面课程平衡了四种学习期望——知识、推理、技能和成果——以反映学校之外每个学科在生活中的应用。

- 当学生知道我们期待他们达到何种成就时，他们会学到更多的东西。当他们知道优质成果的构成要素有哪些，并且当教师直接将他们的教学与这些期望联系起来时，学生达到我们期望他们所达到的成就的可能性将会增大。

- 当本地课程与国家标准相一致，且教师遵循了本地课程时，学生就已准备好在州考试中展示他们所学到的东西，而不必再进行很多外部的费时的"备考"活动。

- 用日常语言编写的课程文件可以帮助你了解你所在学区的儿童正在学习的内容，并且这对于你了解如何在家中帮助孩子也是非常有用的。

- 可以向当地学校询问你孩子教师的教育背景和资历,因为教师为教授某个特定科目做好准备对孩子的成功至关重要。

- 我们的学校需要让教师有机会了解他们所教授的课程标准,并给他们一定的时间将课程与这些标准相匹配。

第 4 章

课堂评价： 原则、方法和质量问题

当你回想自己在学校中曾经历过的测试方式时,脑海里会浮现出怎样的画面? 可能是蓝皮本中的论文、真假小测验、名称、数字和事实的搭配题以及填空题等。对于我们大多数人来说,冗长的学期论文是非常普遍的测验方式。今天学校中的评价仍然包括这些类型的测试,但它也包括我们成长过程中可能没有体验到的其他类型。在本章中,我们将解释评价质量的原则,当今学校使用的各种评价方法以及使用每种评价方法的原因。我们还将举例说明形成性评价和课堂评价背景下的学生参与。最后,我们将深入探讨家庭作业如何适应评价的图景,并为家长参与家庭作业提供指导。

评价的原则： 质量标准

所有高质量的评价都遵循相同的基本标准,它可以被整合成对以下五个问题的回答(图 4.1)：为什么? 是什么? 怎么做? 有多少? 有多准确?

为什么：明确且恰当的用户及用途

第 2 章重点介绍了这第一个质量标准。在本章中,我们总结出评价的主要目的应该是促进学生的学习。请记住,不同类型的评价可以满足不同决策者的需求。从一开始我们就要明确,每项评价所做的教育决策是一个平衡、有效的评价系统的关键组成部分。此外,致力于满足最重要的决策者——学生、教师和家长的需求——对于一个健全的评价系统而言也是同等重要的组成部分。

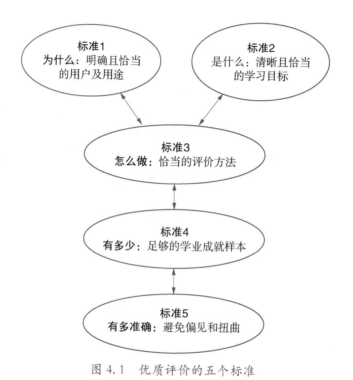

图 4.1　优质评价的五个标准

来源：Adapted from *Student-Involved Classroom Assessment*，3rd ed.（pp. 21,30）by Richard J. Stiggins, 2001, Upper Saddle River, NJ：Merrill-Prentice Hall. Copyright © 2001 by Prentice-Hall，Inc

是什么：清晰且恰当的学习目标

第 3 章探讨了第二个质量标准，即清晰的学习目标。如你所知，如果对所要评价的学习目标没有清晰的认识，那么，我们就不可能进行高质量的评价。我们设计或选择评价的每个人都必须了解学习目标，否则评价将几乎不可能反映出学生在预期学习中所取得的成就。

怎么做：恰当的评价方法

学校使用的各种评价可以划分为不同的类别：选择性反应评价、论述式评价、表现性评价和个别交流式评价。这四种方法不可互换。优质的评价要求教师选择能够为预期目的提供最佳信息，并能最准确地测量预期学习的方法。不同类型的学习目标与不同类型的评价方法之间的适配度也不一样。我们将在表 4.1 中说明这种匹配。

表 4.1　学习目标和评价方法的最佳匹配

评估目标	选择性反应评价	论述式评价	表现性评价	个别交流式评价
知识掌握	多项选择题、对错题、匹配题和填空题都可以抽样检验对于知识要点的掌握程度。	论述题练习可以挖掘对知识要点之间关系的理解。	对于这个目标来说不是一个好的选择，首选另外三种方法。	可以提出问题、评估答案、推断掌握的情况，但这是一个耗时的方法。
推理能力	可以评价对一些推理形式的应用。	通过对复杂问题解决方案的书面描述，可以提供一个了解推理能力的窗口。	可以观察学生解决问题或检验产品以及推断推理的能力。	可以让学生"有声思维"，也可以提出后续问题以探究推理。
技能	能够评价对技能表现所必备的知识的掌握程度，但不能依靠这些知识来了解技能本身。		能观察和评价正在表现的技能。	当技能是口头沟通能力时非常适合；也可以评价对技能表现所必备的知识的掌握程度。
创造成果的能力	能够评价对创造高质量成果的能力所必备的知识的掌握程度，优质成果的能力，但不能用这些来评价成果本身的质量。		能够评价在成果开发过程中每个执行步骤的熟练程度，以及成果本身的属性。	能够探查程序性知识及优质成果的知识和属性，但不能探查成果的质量。

此外，还有与每种方法相关的质量标准。我们不相信我们的大多数读者都渴望成为测试开发人员，因此，我们将分享作为父母和社区成员的你，可能想要了解并且需要了解的每种方法。

有多少：足够的学业成就样本

评价的质量标准要求评价的目的是收集大量有关所要测量学习的信息。评价者是否有足够的信息来确定学生在每个内容标准上的成就？要多少信息才算足够？这些是教育工作者在进行取样时必须知道如何回答的问题。

有多准确：避免偏见和扭曲

到目前为止，所有评价的每一项都可以得到很好地实现——明确的目的、清晰的目标、恰当的评价方法，以及适量的信息——但仍然可能出错。评价的结果会因为多种原因而变得不准确。教育工作者将这些导致评价结果不准确的来源称之为偏见和扭曲。当学生的分数因与评价成绩没有直接关系的因素而改变时，评价被认为是有偏见的。偏见的来源包括以下内容（Stiggins，2001）：

- 评价环境中的状况（在测试期间的火灾警报、材料缺失、噪音干扰）。
- 学生的状况（缺乏阅读技巧、健康状况不佳、缺乏考试技巧、在测试中"懵掉"的倾向）。
- 评价本身存在问题（指导语模糊或缺失、问题措辞不严谨、有文化偏见）。

教师的职责是尽可能辨别并消除偏见和扭曲的来源，并在有证据表明结果不准确时适当地使用评价结果或完全忽视它们。这五个标准用于判断所有形式的评价质量。具有评价素养的教育工作者，通过对以上每一项标准的思考，来为开发或选择他们所要实施的评价做准备。

评价方法

你在学校里有没有最喜欢的考试或评价？例如，相比于论文更喜欢正误判断题。这就是我们所说的评价方法——学校用来评价学习的不同方法。这里有四种基本类型的评价方法：选择性反应评价（选择性反应测试）、论述式评价（论述题）、表现性评价和个别交流式评价。当你阅读对每篇评价的解释时，请回顾你在学校学习生涯中的经历。

选择性反应测试

选择性反应测试的题目用于衡量学生的知识和推理能力。它们只有一个正确答案或数量有限的正确答案，可能是多项选择题、连线题、填空题、简答题或正误判断题。通过选择性反应题目进行评价的学习类型的示例包括：正确的语法和词性的知识、美国政府的结构以及选择用于解决数学问题的运算等。标准化测试大多使用这种方法，因为它易于管理且便于评分。

论述题

论述题也被用于衡量学生的知识和推理能力。为了在论述题的测试中表现良好，学生必须回答所提的问题并提供所需要的信息。每个正确的回答可能看起来不完全相同，但所有正确的回答都具有共同的特征，这取决于所提出的问题。对某些（但不是全部）有关这些特征的回答会获得部分得分。在测试中，论述题通常不只一个得分点，以反映它们对测试的相对重要性并允许部分加分。

表现性评价

表现性评价可用于衡量学生的推理能力、熟练表现的能力或创建优质成果的能力。从表现性评价的方式评价学习目标的最好示例包括：做一个口头报告、撰写一篇研究论文、设计和开展一项科学实验以及正确操作特定设备或工具。在表现性评价中，学生将被安排一项任务——一项作业和标准——要求描述这些特定的表现或成果所需的质量要素。

例如，你的九年级孩子可能应当掌握以下学习目标：积极地面对各种受众，并针对不同目的进行发言。当然，相关的任务或作业也可以是为特定的主题做好准备，并在全班发表三分钟的口头演讲。判断展示质量的标准可以描述为：内容、内容的组织、表达（声音大小、目光接触等）以及语法。因此，这样的标准定义了"有效发言"的含义。在这种情况下，扩大对评价标准的描述意味着学生会做以下事情：

- 选择对受众有意义且对主题重要的观点。
- 以引人入胜的开头、令人满意的结尾，以及具有逻辑的方式组织观点。
- 用适当的语音音量、速率和清晰度进行发言。
- 使用动作（手臂动作、四处走动）来增强意义。
- 使用正确的发音和语法。

个别交流式评价

个别交流式评价是确定学生知识和推理能力的另一种方式。这种评价方法正如它看上去的那样：教师提出问题或与学生进行对话，然后倾听并确定这个回答的质量。小学年级的评价十分依赖于这种一对一的方法。

表 4.2　四种评价方法

方法	测量内容	示例
选择性反应测试	**知识** 学习目标：了解美国被殖民的原因 学习目标：确定每种乐器在管弦乐队中的位置	为什么殖民者移民到了美国？ a. 为了逃避税收 b. 为了争取宗教自由 c. 为了冒险 d. 其他 （Stiggins，2001，第 139 页） 管弦乐队中的定音鼓应该放在哪个区域？（Stiggins，2001，第 142 页）
	推理 学习目标：推断	随着就业的增加，通货膨胀的风险也在增加。 a. 正确，因为消费者愿意支付更高的价格 b. 正确，因为货币供应量增加了 c. 错误，因为工资和通货膨胀在统计上是不相关的 d. 错误，因为政府控制通货膨胀 （Stiggins，2001，第 142 页）
	推理 学习目标：分类	根据你对干旱、寒冷和北极地区动物生活的了解，如果你发现有以下特征的北极动物，你希望它生活在哪个地区？（此处插入动物特征的描述。） a. 干旱地区 b. 温带地区 c. 北极地区 （Stiggins，2001，第 285 页）
论述题	**知识** 学习目标：理解水循环	描述蒸发和冷凝作用是如何在水循环的背景下进行的。一定要包括循环中的所有关键要素以及它们之间的关系。 （Stiggins，2001，第 163 页）
	推理 学习目标：评价	有些人赞成、有些人反对在沙漠中灌溉以种植粮食。请你在这个问题上明确立场并捍卫它。明确你作为辩护基础的标准，并确保能够有逻辑地应用它们。 （Stiggins，2001，第 287 页）

方法	测量内容	示例
表现性评价	**推理** 学习目标： 使用科学的思维过程进行调查	任务：给学生们两杯看起来一模一样的苏打水，其中一杯是减肥饮料。要求学生区分它们。 标准：教师观察每个学生的学习进度，运用标准评价学生应用科学方法的熟练程度。 （Stiggins 2001，第 288 页）
	技能 学习目标： 大声并流利地朗读	任务：学生朗读课文。 标准：教师听每个学生的朗读，并使用标准来评价学生口语阅读的流利程度。
	成果 学习目标： 写一篇比较或对比性的论文	任务：学生写一篇作文比较和对比独资经营、合伙经营、公司这三种商业形式的主要优缺点。 标准：教师使用标准描述一篇比较或对比性论文的质量。标准侧重于思想的内容和组织。
个别交流式评价	**知识** 学习目标： 了解写作的步骤	教师要求每个学生解释写作过程中的步骤。
	推理 学习目标： 得出结论	教师要求每个学生解释某个结论为何正确或不正确的原因。
	技能 学习目标： 运用交流策略与技巧从而与他人高效地合作	任务：让学生分小组解决一个问题。 标准：教师观察小组互动并评价每个人的表现，并使用能够反映有效沟通技巧的标准，例如，接纳他人的观点、做出个人贡献、扩充他人的贡献等。

哪种方法最好？

没有一个"最好"的评价方法，每种方法都可能使用得很好或者很糟糕。所使用的方法在很大程度上取决于要评价的学习目标的类型。让我们来探讨一下关于这个想法的几个例子。

假设你孩子二年级西班牙语课程的学习期望单中，包括在一组有限的环境中以对话方式讲西班牙语的能力，例如询问路线、购买物品以及与寄宿家庭交谈。教师可以通过多项选择测试评价你的孩子在这个学习目标上的成就吗？用论述式评价(论述题)可以吗？这两个问题的答案都是"不"。多项选择题或填空题可以测试学生的词汇知识，这对于进行对话肯定是必要的。在问答题中，学生们可以写出他们对话的部分内容，知道说什么也是谈话的必要条件。但是，如果学习目标要求学生以对话的方式发言，他们实际上必须用西班牙语进行对话，以证明他们掌握这一学习目标的程度。教师必须使用表现性评价来获取学业成就的信息。

如果没有选择性反应评价和论述式评价所提供的信息，我们可能无法准确地了解我们希望孩子拥有的知识基础和推理能力。然而，我们知道教育的目的不是纯粹为了了解内容而掌握它。我们希望我们的孩子能够将这些知识应用于他们将在学校以外的生活中遇到的情境和环境中，无论他们是选择接受继续教育还是进入就业市场。因此，学生必须有机会学习如何用知识进行娴熟的表现，并在我们的 K–12 阶段学校中展示他们的学业成就。那些都需要表现性评价。

例如，请阅读小学科学单元"声音的物理属性"这一部分的学习目标单，并思考如何评价下列每一种学习目标：

1. 学习与声音的物理属性相关的词汇。

2. 了解声音是由物体的振动而产生的。

3. 理解声音的音调和声音源的物理特性之间的关系(即振动物体的长度、振动的频率和振动弦的张力)。

4. 比较从声源和接收器扩大声音的方法。

5. 运用科学的思维过程进行调查并建立解释：观察、交流、比较和组织。

想要评价学生在这些学习目标上的成绩，教师将不得不使用多种评价方法。前三个学习目标可以通过选择性反应测试题进行准确而有效的测量；第四个学习目标可以通过选择反应性测试题或问答题进行很好的测量；最后一个学习目标要求学生进行调查并创建解释，这需要对他们进行表现性评价。

质量问题

选择性反应测试

我们通常认为选择性反应测试是一种传统的、行之有效的评价方法。我们大多数人都很熟悉它。你是否知道在 20 世纪 30 年代和 40 年代，选择性反应测试是未来的潮流，只有最"先进"的教师才在课堂上使用它？它们不仅仅是经检验被证明是最好的，而且也是一种创新；在这个科学上的突破之前，传统的测验方法是论述式评价和表现性评价。我们大多数人也认为选择性反应测试是客观的，因为评分很直接明了：答案不是对就是错。确实，在选择性反应测试中，评分是客观的。

但是，选择性反应测试与任何其他的方法一样具有主观性。当选择最匹配预期学习的测试时，主观性就会出现。选定的测试内容可能会有所不同，因为实际的教学因课程而异，所以内容的选择取决于课程，以及特定学生群体先前的知识和兴趣。因此，如果要测量学生应该掌握的学习内容，测试的内容必须相应地进行变化。

尽管选择测试的内容有点主观，但将选择合法化仍有一定局限。你有没有在参加某一场考试的时候，想知道到底为什么老师会在测试中包含一个特定的问题，或者从文本中的插图标题中遇到了涉及知识面宽广的题目，关于测试的问题应该直接与主要内容类别以及教学推理模式相关。当选择性反应测试实施得很好时，对于细心的学生来说，测试的一般内容并不会出乎他们的意料。

选择性反应测试中的个别题目也必须遵守质量标准。精心编制的问题可以最大限度地使了解信息的学生作出正确解答，而使不了解信息的学生作出错误解答。并且，精心编制的问题应该能够反映出谁知道这些信息，而谁不知道。

让我们看看本书的作者之一史蒂夫作为一名学生的经历，以说明选择性反应测试质量的两个问题：

> 我记得坐在大学课堂上完成一个匹配测试的经历，我们被要求在右侧栏中选择一个单词前面的字母，并将其放在左栏中一个短语前面的空白处。我注意到，如果我沿着左栏往下读，答案空白处的字母能够拼写出可预测的单词和短语。其他一些学生也发现了同样的事情，他们紧张地瞥了一眼，微笑着，厌恶地摇头。我离开那个班级后，对测试产生了不信任，并在短时间内，在后续的测试中也寻找隐藏的答题技巧。然而，最令人沮丧的部分是，即使没有可预测的答案模式，在测试中仅需要较低的知识水平就能在考试中取得良好的表现。如果我准备展示更高水平的能力，那么我必须写作，解释自己，并捍卫自己的答案。这并不是一个展示我学到的东西的机会——它是一个毫无意义的练习。

史蒂夫在大学的经历说明了两个问题，一个是测试内容，另一个是题目编写。他遇到了基础知识测试，该测试不符合或不能测量课程预期的学习水平。并且，任何想出正确答案形式的人，都可以在没有学习该课程内容的情况下在测试中获得高分。如果教师只是将数字抛到空中并随机分配，那么他就会以从中收获的同等效度的信息用于课程成绩。即使题目写得正确，由于内容不匹配，测试仍然会浪费每个人的时间和大学的资源。

表现性评价

高质量的表现性评价要求学生清楚地理解任务——作业——标准——他们要达到的

质量描述。让我们从本书另一作者(简)的课堂教学经验中找出一个问题,在一个简单的表现性评价中强调质量问题:

> 在教六年级这一年的时间里,我和一位家长举行了一次约定的会谈,她询问了我给她儿子书写打"C"等的成绩单。我解释说,孩子的笔迹是清晰的,但他书写字母的方式不好。她的回应直击要害。她礼貌地表达了自己的意思,主要意思是"你怎么能对你不教的东西评分呢? 你是如何确定他的书写成绩是'C'的呢? 我的儿子怎么知道你所期望的是什么吗? 他有机会在课堂上练习从而变得更好吗? 如果他应该在家里练习,他知道该怎么做吗"?

虽然书写等级可能看起来有点微不足道,但事情指出了所有表现性评价中潜藏的严重问题。第一个问题与学习目标有关。我们六年级的老师被要求在成绩单上为书写评分,但没有课程告诉我们要教什么,也没有相关材料用于教授或评价它。我们应该质疑这一点,但我们没有。然而,父母却恰恰做到了。

第二个问题更多地涉及表现性评价的质量问题。与我们通过表现性评价判断的大多数其他产品或技能一样,书写不能被标记为正确或错误——因为并没有答案的要点可以对其进行评分。它需要一个对质量的描述。这些质量的描述通常称为标准、量规或评分指南。为了建立评价书写的标准,首先我们需要区分质量的水平——例如"优秀"、"可接受"、"几乎可接受"和"还需要很多努力"。然后我们需要为每个水平创建单独的描述。优秀的书写是什么样的? 可接受的书写(或"合格的"或"符合标准")是什么样的? 如果没有如此精确的描述,我们无法评价书写或其他任何技能以及产品。

第三个问题与各个水平的质量样本有关。这种质量样本用于评价者的判断抉择与学生的工作准备。如果有各个水平的质量样本,书写得分为"C"的学生在学习时可以:(1)看到好的和不太好的书写的样例;(2)将自己的书写与样例相对比,看看他现在的水平;(3)与老师一起设定改进的目标。

要寻找什么

虽然审查课堂评价的质量并不是我们作为社区成员和父母的工作，但是，我们可以对其予以留意，而无需成为测验的开发专家。我们可以检查评价的平衡性。老师是否使用了不止一种评价方法？或者是否所有的评价都使用了一种方式（全部用选择性反应测验或者所有的表现性评价）？虽然这不总是引起关注，但它应该引起我们对于学习目标更密切的关注。我们可以寻找评价方法和学习目标之间通常的匹配方法。例如，在数学中，选择和应用一种策略解决问题的能力是一个重要的学习目标。因此，在数学课上，我们应该看到表现性评价的证据，在此学生必须选择并使用适当的策略来解决具体问题。我们也可以去询问在这一年中所进行的所有评价，是否反映了学习目标中所有重要方面的内容。如果学习目标是"书写连贯"，那么评价是否只测试了正确的语法、拼写、大小写和标点符号？或者，学生的写作是否也评价了其他重要的质量要素，例如思想和内容、组织和选词等。

形成性评价和学生参与每种评价方法

每种评价方法——选择性反应测试、论述题、表现性评价和个别交流式评价——都可以用总结的方式来测量学习结束时的学业成就。并且，每种评价方法也可以作为前测被用于诊断性评价，以便在教学之前确定具体的学习需求。但是，如果我们的目标是改进学生的学习，那么每种方法都必须在课堂上形成性地被使用才可以，只有这样才能促进学习过程中的学业成就。这对课堂中的学生来说会是怎样的呢？

第一，教师要解释学习目标，帮助学生理解他们应该知道什么和能够做什么。例如，今天，从 9:00 到 9:45，你四年级的学生正在学习数学，或者更具体地说，是小数。确切地说，整个班级正在学习数学书的第 152 页。在课程开始时，老师告诉全班同学，"今天我们将学习如何阅读和比较小数点。我们将学习如何正确地说出小数点，以及如何将它们按照从小到大和从大到小的顺序排列"。

第二，学生讨论表现的范例，以便他们可以了解自己想到达到的成就水平。例如，在准备撰写科学实验报告时，八年级学生正在阅读各种假设的示例（来自相似但不同的实验），讨论它们，并根据一个好的假设的特征使用评分指南来评价它们。然后，他们使用自己的语言写一个简短的描述，说明什么是一个好的假设。

第三，学生了解评价计划——何时和如何评价每个学习目标，以及如何使用这些信息（用于诊断性、形成性或总结性目的）。例如，在内战这个单元开始时，十年级学生会收到一份日历，其中列出了该单元的学习目标，它显示了每个学习目标的评价时间，并指出了每个评价活动的目的——诊断性、形成性或总结性。这些目的可以分别向学生解释为"前测""检查进度"和"评定等级"。

第四，在总结性评价之前，学生有机会练习，接收反馈并使用反馈来改进他们的学习。例如，在七年级文学课中，学习目标之一是比较和对比来自两个不同文本的人物。老师决定将"比较—对比"论文作为总结性评价的一部分。在此过程中，学生将撰写较短的"比较—对比"论文，从教师和同学那里获得关于优点和缺点的具体反馈，并根据反馈修改他们的论文。

第五，学生通过与预期学习目标直接相关的特定术语，学会发现自己的优势并设定改进的目标。例如，五年级学生通过查看他们最近的作业档案袋来回顾他们在阅读理解方面的进展。该档案袋包括了他们总结文本解释不熟悉的词汇、基于阅读进行推断和预测的能力的证据。以下是某位学生对她学习的反思摘录："本季度我已经学会了如何做出推理。推理是你弄清楚故事所暗示但没有直接指明的东西。我曾经仅仅猜测，但现在我在故事中寻找了线索。下个季度我将致力于撰写总结。我将继续努力关注只涵盖最重要信息的内容。我的摘要中有太多额外的内容。"

这五个步骤说明了布莱克和威廉（Black 和 William，1998）倡导的实践，并在第 2 章中介绍了带来更高水平的学业成就的强大作用。回想一下前面描述的口头演讲的例子。现在想象自己是一名九年级的学生，在学习如何进行口头演讲。如果你像我们大多数人一样，这不是一个愉快的想法。但是，如果你没有被给予任务和单独准备的时间，是否有机会完成这里讨论的五个步骤呢？很有可能，你会觉得自己更能控制自己成功的条件，当轮到你站在观众面前的时候，你会变得更加自信，你也有可能表现得更好。

帮助完成家庭作业

作为父母，家庭作业是我们生活中不变的因素之一——学校与家庭之间的直接纽带，可以让我们一睹孩子们正在学习的内容。随着学校提高标准以及高利害测验变得越来越普遍，许多教师和学校正在增加家庭作业量，以帮助学生在州测试中表现得更好。增加家庭作业需要我们更加警惕，因为父母要确保布置的作业有正确的目的，并与学生的需求、能力和年龄相匹配。许多学校和学区都制定了政策，明确了家庭作业的目的，提供了布置家庭作业的指南，并解释了评价家庭作业的基础及其与计算成绩单等级的关系。我们将在第6章中更详细地讨论成绩单的相关问题。

最后，除了普遍认为家庭作业太多的家长，可能也还会有其他的家长认为家庭作业是不够的。但就像许多事情一样，重要的是家庭作业的种类，而不是数量。

家庭作业的目的

最近，我们的女儿被布置了一项在家完成的任务——宠物项目，她将收集并在海报上展示有关她的猫的有趣事情。我们的第一个想法是，"我们能做些什么来帮助她"？或者换句话说，"我们怎样才能避免在任务截止日期之前的一个深夜熬夜赶任务"？

要想知道哪些帮助是合适的，我们需要知道作业的目的。教师可以向家长提供一张便条（一份说明），说明学生为什么要完成任务，或者学生可以自己写便条，从而促进他们和父母共同理解作业的目的。如果父母帮助不恰当，学生必须了解做作业的原因，并查看其与课堂重要学习目标之间的联系。

家庭作业有许多合理的目的（Guskey，2002b）：

- 练习当天出现的技能。

- 让学生有时间进行独立研究。

- 复习笔记，为将来的学习做准备或进行评价。

- 发展研究和学习技巧。

- 培养自律和责任感。

家庭作业的第二个目的可以是增加学校与家庭之间的沟通。它可以告诉我们孩子的学习内容，特别是当作业涉及我们的参与时。例如，学生可能被要求与父母交谈，他们可能会被布置一个主题与父母一起探索，或者作为作业的一部分，家长可能会被要求检查学生的作业（Guskey，2002b）。这些机会允许我们让孩子知道他们的作业对我们而言是多么重要。

无论作业的目的是什么，父母和学生都需要知道它。

对家庭作业富有成效的帮助

在所有的家庭作业中，哪种支持最有效呢？它可以像评价家庭作业一样简单，通过确保每天晚上留出足够的时间，而没有其他活动的干扰。在这样做的过程中，我们认为家庭作业是学习的一部分。或者，支持可以作为"亲自动手"向孩子展示如何"解决 X"。无论你的参与目的或范围是否与作业相一致，你都可以在家中采取几个步骤来充分利用家庭作业的时间。

考虑作业的目的。这将有助于你和你的孩子知道什么样的帮助最符合老师布置作业的首要目的。如果从作业中看不出来，请询问或让你的孩子向老师寻求解释——礼貌地表述"我们为什么这样做"？（"因为我这么说"可能代表家里的一种回答，但在家庭作业方面还不够。）

确保理解学习期望。你可以问你的孩子是否理解预期的学习——让孩子明确，"我做这个项目是为了学习_____"。如果他或她不清楚，并且你无法从家中的信息中找到答案，那么就鼓励你孩子让老师再澄清一下。如果孩子们理解了预期的学习目标，那么他们可以更好地指导自己的学习。

相应地计划你的帮助。有关作业的目的和学习期望的信息将指导你决定给出怎样的帮助。例如，如果我们女儿的老师打算使用之前提到的宠物项目，作为我们孩子有能力选择有趣细节的证据，我们可以帮助她想起鲍勃这只猫最有趣或最不寻常的东西，但我们要小心避免直接为她提供细节。如果她要用自己收集的事实作为口头陈述的内容，我们可能会建议她练习使用海报上的信息作为报告的要点，并且我们可以帮助她进行排练。

不要过度地提供帮助。然后，我们需要注意不要过度地提供帮助。虽然研究性项目——或任何家庭作业——为我们提供了与孩子一起学习的机会，但我们需要了解作业的目的。例如，如果我们女儿的老师将宠物项目作为报告布置，那么她很可能通过布置它来帮助学生成为更好的作家。我们必须保持警惕地问自己："作业的目的是创作优秀的作品还是培养出优秀的作家？"如果宠物项目的目的是创作出好的写作作品，我们应该把孩子放在一边，因为我们（理论上，无论如何）在没有她的情况下可以做得更好。然后让我们诚实地说一下谁做了这项工作！（如果我们为作业作出了贡献，我们应该说明这是我们的作品，这样老师就不会认为它代表了我们孩子所知道的。即使作品能够通过我们的贡献获得更高的分数，我们的孩子也不会为她没有做的事情感到自豪。）另一方面，如果宠物项目的目的是培养一个好作家，那么我们必须让我们的女儿去做。拿着铅笔的人才确确实实地学习了。

家庭作业——评价之间的联系

请记住，如果我们的孩子想要或者需要帮助，我们给予的帮助应该取决于作业的目的。是帮助孩子练习他们在课堂上学到的东西吗？这种家庭作业可以帮助孩子记住当天课程中介绍的概念和技能。如果你的孩子正在努力做家庭作业中的练习题，你可以帮助他们，或告诉他们如何做，但不能代替他们做。为了保持他们作业的完整性和成就感，我们可以鼓励孩子记下我们曾帮助过的问题："我自己做了十件，其中两件是在我父亲的帮助下完成的。"（我们从自己的女儿身上得到了这个想法，她生命中的第一个口头语是"自己做"。）它还向老师提供了关于学生对当天课程理解程度的良好反馈。

当家庭作业用于练习时，学生应该及时地收到关于作业的反馈，让他们知道他们什么地方做得好以及什么地方需要继续努力。否则，家庭作业对学习的贡献是什么呢？一般而言，此类任务不应计入成绩单的分数。将每件作业（包括练习作业）纳入最终成绩都会使很多需要学习并学习它的学生处于不利地位！（我们将在第6章进一步讨论这个话题。）

有时教师将任务布置成家庭作业，并将其用作形成性评价。如果是这种情况，请谨慎地提供自己的帮助。当作业的目的是收集有关学生成绩的信息，以计划进一步的教学或让学生自我评价时，任务需要由他们自己来完成。

如果家庭作业是总结性评价，例如学期论文，那么向老师了解允许家长提供何种程度的帮助就尤为重要。然后，在允许的范围之外，我们的帮助立场是需要"放手"。当我们替他们完成作业时，我们的孩子不会成为更好的学习者（或诚实的公民）。此外，我们父母已经接受了十一年级时间的英语考试了——现在轮到他们了。在诸如学期论文这样的情况下，有效的帮助包括确保我们的孩子能够获得他们所需的资源，并保证在晚上的家庭作业时间内不受干扰。

本章重要观点

- 具有评价素养的教育工作者,能使用五个质量标准来计划和实施任意的一种评价方法。他们能确定目的、澄清目标、选择方法、适当取样并控制偏见和扭曲。

- 在完成课堂评价后,教师会使用一系列方法来评价学习目标。并且,他们会考虑哪种方法,可以最准确地描绘学生在特定学习目标上的成就,以及哪种方法最有效,即花费最少的时间。

- 每种评价方法都可以而且应该形成性地被使用,以增加学生对成就期望的认识,并建立他们作为学习者的信心。

- 我们在帮助孩子完成家庭作业时,需要牢记家庭作业的目的。我们作为父母可以在完成家庭作业方面发挥重要的作用,但我们也必须注意,不要帮助过度。

第 5 章
标准化测试

你知道自己在学校生涯中经历过多少次评价吗？实际上，我们都不可能知道。如果我们试图数一数它们，那这种计算不仅要包括大型测试，还要包括日常的数学小测验、每周的拼写测验、章节末尾的问题，以及我们的老师评价我们学习情况的所有其他方式。对每个课堂中的每个学生来说，如果评价不是每天发生，那么它至少每周都发生数次。可以公平地说，超过 99％ 的学生的评价经历都发生在课堂上，都是由教师编写的测试和评价，并且大多以传统的、熟悉的方式进行评分和划分等级。

然而，另一项测试是外部、大规模的标准化评价。虽然，这种测试占学生评价记录的不到 1％，但它可以获得 99％ 的公众和媒体的关注度，并引起 100％ 的政治和政策的讨论。不幸的是，由于这种关注引起了错误的观念，即相较于课堂上的数据，这些测试可以提供有关学生学习的更有意义和准确的数据。而事实上，测试离课堂（学校、学区、州、国家、国际）越远，所能得到的对学生个体有意义的信息和报告就越少。但这仍然没有减缓全国对使用标准化测试结果进行比较、判断、奖励、审查、晋级、认证、验证和批评的痴迷。学校要对更高层级的考试成绩负责，并将这些成绩交给教师进行教学计划，但这不能满足教师对学生成绩的信息需求。

在本章中，我们将研究标准化测试，它们构成了学生学习的一小部分证据。这些测试在美国的教育中继续发挥着更大的作用。我们作为父母和社区成员如何理解它所提供的信息？它对我们有用吗？我们将通过解释分数的含义，并通过考察它们的设计目的以及它们所提供信息的恰当用途来回答这些问题。我们还重新提出了一个问题，"为什么我们有这么多的标准化测试"？重要的是要强调我们并不反对标准化测试。许多这些测试可以并且确实为父母和教育者提供了有用的信息。但请记住，它们主要用于为学校效能的政策层面提供决策信息。

尽管这些测试可以促进学校的改进，但我们仍然担心他们在测量和报告学生学习方面被过度使用。真正的学习和理解不能也不应该被轻描谈写为一个单独的分数。每年一次的标准化测试"不太可能对授课教师具有特别的价值。它们过于频繁，重点宽泛，反馈结果的速度缓慢，无法为日常的决策提供信息"（Stiggins，2001，第 376 页）。我们相信，除非我们认识到这些测试的局限性，并使课堂评价与大规模标准化测试（关于学习的评价）之间达到更加平衡的关系，否则我们将无法完全保证学生学习信息的准确性和质量。

什么是标准化测试？

标准化这个词只是意味着同一套测试题，在相同的条件下给予所有学生完全相同的测试方式。并且，所有测试都以同样的方式得分。每个参加考试的学生都有相同的时间限制，并遵循相同的要求。正是由于这种测试管理的共性和一致性赋予了所有得分完全相同的含义，所以它反过来又允许将个人和群体的得分进行相互比较。

此外，可以通过分解标准化的测试分数，监控和报告学生小组的成绩。这是学校追踪教育公平的一种方式——根据性别、种族、社会经济地位和参与特殊教育项目（如特殊教育）等，分别查看各自的分数。地区这样做是为了发现小组之间的差距：例如，如果男孩在科学方面的得分一直高于女孩，那么该区可能会采取某些行动来解决这种差异。

在学区层面上，广泛使用的标准化测试通常被设计为涵盖任何给定考试的一年以上的学术内容。因此，测试反映了广泛的学业成就目标。由于测试中的题目数量有限，因此可能只有 12 个题目代表该学科在一年中的学习内容。其原因与测试的目的有关：广泛地陈述学生知道和可以做的事情，以便将群体相互比较。大规模的标准化测试的目标不是为了个别学生的教学计划而收集信息。

通常可以根据评价的具体学习目标来细分标准化测试的分数。必须仔细使用这些数据，因为可能没有足够的问题涵盖到全部的学习目标，以真正衡量学生对该目标的熟练程度。为了弥补这一点,大多数测试结果被分解为学习目标的集群,例如语言艺术测试中的"拼写"(而不是拼写有长音的单词),或"语法"(与"正确使用主语和宾语代词"相对)。当学校工作人员确定了某个特定科目需要特别注意的领域时,此类信息最为有用,但这些信息由于缺乏明确性而存在一定的局限性。

这种标准化测试最通常被选择作为学区层面的测试项目来测量知识和推理性的学习目标。在大多数测试中,技能和成果性目标都没有被体现出来(Stiggins 和 Knight,1997)。在这种情况下,仅根据这些考试成绩来判断学校的质量是有风险的。

标准化的测试结果看起来像天书,但一旦你了解了一些基本概念,当你的孩子把结果带回家时,你就会知道你正在看的是什么,并能够询问学校一些具体问题以获得你想要的信息。标准化测试有两种基本的"口味",常模参照和标准参照(norm referenced and criterion referenced)。这些术语指的是解释和呈现测试结果的两种不同方式。我们将对每一个方式进行解释,以为你提供成为明智的"消费者"所需的信息,作为"消费者"你可以聪明地使用它们产生的数据。

常模参照的标准化测试分数

正确的百分比和百分位数

常模参照的标准化测试通过将学生的分数与其他学生(常模组)的分数进行比较来解释学生的分数。如果考试结果被报告为百分位数:"你的孩子在数学中的得分为第 72 百分位数。"你就会知道你的孩子已经参加了常模参照的测试。这个分数意味着什么呢? 这与测试中 72％的这一分数有何不同呢? 不同之处在于百分位数是什么以及它是如何计算的。

首先,让我们简要回顾一下如何计算百分比(我们称之为正确率)。为了得到正确率这一分数,正如你认为的那样,正确的答题数除以测试中的问题总数量。例如,典型的数学课堂测试中可能包括 30 分的正确分数。任何在该测试中得分为 30 分的学生都能正确回答所有问题并获得 100％的正确率。假设一个学生正确回答了 30 个中的 25 个。在这种情况下，学生的正确率为 25 除以 30——或 83％。你可能熟悉这一分数，因为教师经常在课堂评价中使用正确率来表明学生对所教内容的达成水平。但是，常模参照的标准化测试与课堂评价的目的不同。在这种情况下，测试旨在比较学生，并用学生的平均分比较学校甚至学区。因此，他们的分数计算方式不同——百分位数。我们必须了解正确率和百分位数的差异。正确率是指学生正确回答问题的百分比，百分位数是指学生得分的常模组的百分比。一名学生在一项数学标准化测试中的百分位数为 50，这并不意味着他做对了一半的题目。做对一半题目指的是正确率（10 个正确答案除以 20 个可能的分数等于 50％的正确率）。相反，百分位数为 50 意味着她在参加的所谓的常模考试中超过了 50％的学生，这将在下一小节中讨论。为了能够理解这种差异，我们需要了解百分位数是如何计算的。

百分位数和测试的常模

标准化的常模参照测试的开发人员（通常是非常大的测试出版公司）会为每个测试编写大量的问题。然后，他们在学生群体中试测这些问题（与考试的年级相同），看看哪些真的很难，哪些真的很容易，哪些对一些学生来说很难，但对其他人并非如此。从他们试测的所有题目中，他们选择了正式测试使用的问题，因此他们包括各种题目的平衡——困难，容易和中等。他们寻找能够区分出知道或者不知道这些内容的人的那些问题。从这个缩小的问题池中，他们编制了最终的测试。然后，他们将这个测试新的"试用版"提供给一大群学生。这些学生被选中且代表了可能参加考试的学生的种族、社会经济地位、地理、性别和文化的概况。这个庞大的群体被称为常模群体。

然后测试开发人员分析常模组的表现。假设这个特定测试的数量是 30（这意味着有 30 个问题，或者测试中每个问题的分数加起来为 30）。每个学生的百分位数得分取决于常模组中有多少学生得分低于那个学生。例如，假设一个学生在 30 个问题中答对了 25 个问题，并且通过这样做，超过了 92％参加测试的常模组学生。25 的原始分数变为 92 的百分位数。这是每个原始分数的百分位数的分数。例如,一个得分 26 的学生比那些只有 25 个正确的学生的得分更多。那个学生的百分位数分数就会更高。对于任何标准化测试,常模组进行一次测试,他们的分数分布在 1 到 99 的范围内。该标准成为每个后续学生的分数进行比较的百分位数。

没有任何测试,甚至没有一个花费昂贵的、精心开发的测试,能够完美地确定学生的成绩。所有的测试都包含一些"错误"。这是因为测试题目并不完美,测试中所选取的问题样本可能会有一定程度的偏差,学生可能经历糟糕的一天。出于这个原因,个别学生的真实分数会存在于一定范围内。该范围被称为该特定测试的误差范围。测试开发人员使用公式来确定当报告个人或小组的平均分数时这些结果的准确度。要理解这一点,想一想政治民意调查所发生的事情。结果报告的误差范围总是为正或负的一定数值的分数。测试分数必须以同样的方式去解释。你的孩子在数学测试中的成绩为第 72 百分位数,实际上代表了一系列分数的中点,这些分数也可以代表你孩子的学业成就。你可以在收到的成绩单中找到该范围。它被报告为或正或负的一定数值的分数。

当数据针对许多个体进行平均时,来自这些测试的信息的准确性会增加。平均百分位数代表的个体学生成绩越高,错误幅度就越小,那么数据则越有可能准确地描述学生对测试内容的了解。

年级等效分数

学生的标准化测试报告中的其他分数通常伴随着年级水平的等效分数。这个常模参照分数将学生的表现转化为年和月。例如,三年级学生可能在 5.5(5.5 意味着五年级的第五月)的阅读测试中具有年级水平的等效分数。它不会将孩子的阅读成绩与五年级应该学习的任何预设标准进行比较。并且,这并不意味着你的孩子有能力或应该做五年级的工作。这意味着她正在做三年级的工作,而五年级的学生也会从事三年级的工作。这是另一种说法,与其他学生相比,你的孩子在三年级时表现得非常好。

常模参照标准化测试的局限性

常模参照测试通常为内容领域提供百分位数的分数,例如阅读、数学和英语运用。虽然这些分数足以满足年度计划的决策,例如资源分配或大规模教学资源包的选择,但学生和教师都需要更深入、更复杂的学业成就证据,因为他们所面临的决策更加精细。大多数常模参照的标准化测试仅衡量我们认为对学生有价值的、有限数量的成就期望。它们的覆盖范围仅限于那些可以在非常有限的时间内,使用最有效的测试形式进行评价的学习期望,以便最大限度地降低测试成本。通常,由于评价大量学生的成本极高,所以较为复杂的期望,例如多级问题解决或表现性技能,会被排除在年度测试之外。

然而,今天的教师面临着提高学生考试成绩的巨大压力。不幸的是,那些努力提高此类测试(期望范围有限)分数的教师,可能会将他们的教学范围缩小到这些目标,从而忽略了更为复杂、同样重要的学习内容。如果学生要为考试做"准备",我们希望这种准备成为课堂教学实践中的持续的一部分,并且这种准备应该指向于学生学习的提高,而不是一个旨在提高考试成绩的肤浅的、孤立的事件。以考试为导向的课程,只教授考试内容,但这种"功利"的方法,最终会牺牲课堂上的真实学习。

最后,对于大规模测试或学习评价而言,最重要的是每个测试都需要与最初开发的目的相匹配。如果要求他们中的任何一方在其结果的预期用途方面具备双重甚至三重功能,这会使结果的准确性难以得到保证。如果某项评价能够有助于制定关于学校或学区的问责制决策,为学生的毕业证明其个人成就水平,并能够提供个体学生在课堂教学中的表现,那么它将比任何一项考试所能提供的信息都可靠。

恰当地使用常模参照测试结果

那么常模参照的标准化测试有什么用呢? 它们最初,现在仍然是,旨在根据一系列成就对学生进行排序。常模参照的标准化测试将成就者按照从最高到最低的等级进行排序。它们可以很好地作为某些基本技能的测试,并且在将一个学生与其他学生进行比较时非常有用。常模参照测试分数作为一条信息,可以与其他数据一起使用,将学生在特殊项目中进行排序。分数的比较特征可以使得教育者明确谁最需要这些常常有限的帮助。许多州都使用它们来评价整个教学系统的表现。一些问责性系统需要可靠的学业成就证据,并且,这些证据在各个班级之间要具有可比性。这可以使用标准化测试来收集。在具有评价素养的教师和校长手中,他们可以帮助教育工作者更多地了解学校的教学优势和劣势,以制定改进学校的计划,从而为学生提供更好的学习机会。

标准参照的标准化测试

与我们称之为常模参照的标准化测试一样,我们所说的标准参照的测试,指的是如何报告结果。使用标准参照的标准化测试,不是将每个学生的原始分数(正确答案数或获得的分数)与常模组的表现进行比较,而是将每个学生的原始分数与可接受表现的预定标准进行比较,称为标准。评分通常以"超出标准"、"符合标准"或"不符合标准"等术语进行报告。我们将在第 6 章中讨论这些术语在交流上所面临的挑战。

标准参照测试的设计通常与常模参照测试不同。它们通常用于反映在既定的年份,在某些学科领域如数学、科学或写作,学生对于某一具体学习期望的实现程度。通常,这些测试提供了有关学生成绩的更多细节,超越了内容和推理,包括了技能和成果性目标。学生可能被要求解决和解释需要多个步骤的数学问题,做一个科学调查,或产生拓展性的写作示例。这些测试中的每一个都使用一组标准(也称为评分指南或量规)进行评分,专门定义目标技能或成果的质量等级。(这些标准通常可从国家教育局办公室在线获取。)

许多州现在正在将标准参照(有时称为基于标准)的测试与其全州测试项目中的常模参照测试相结合,将它们与州学习期望联系起来。通过结合这两种不同类型的测试,各州试图平衡和扩展针对问责目的而评价的不同类型的学习目标。大多数情况下,常模参照测试被用于报告基本知识和推理方面的学习期望,而标准参照测试被用于报告更复杂的推理、技能和成果方面的期望。

当面临高利害决策时，使用标准化测试

最近，我们看到全国（美国）范围内出现了利用标准化测试的结果做出"高利害"决策的热潮——将关于学生、教师和学校的重要决策与测试结果联系起来。对于学生而言，这可能意味着与升级或留级，强制性选择课程，甚至与毕业相关的决定。对于没有达到预期成就水平的学校，典型的后果包括撤销资金、教师或校长重新分配、学校重组，或在某些情况下，关闭学校。此外，一些州和地区现在将学生考试成绩与教师和管理人员的薪酬增长联系起来。这些用来做出高利害决策的测试也在持续地引发争议。将这些决定与标准化测试结果联系起来的动机是我们共同认可的：帮助学生提高学习的愿望。然而，这种联系背后的想法是：失败的威胁将导致学生、教师和管理人员更加努力地工作并做得更好。这是基于这样的假设：获得更高成就所需要做的唯一事情就是更加努力地工作。

正如我们所讨论的那样，这并非如此简单。当我们知道标准化测试结果可能或不可能告诉我们什么，以及当我们知道它们的局限性时，我们会谨慎地仅凭一条证据做出任何具有深远影响的重要决策。因此，我们必须谨慎密切留意当前全国有关高利害测验的动向。

关于高利害测验的具体问题

那些质疑在高利害情况下使用测试的人关注三件事：高利害测验对学生产生意外的消极影响，并且此类评价在多大程度上能够提供足够精确的信息，以及对课程的过度限制。

基于标准化测试的成绩而做出的高利害决策，在几个重要方面有可能损害学生的学习。它可能会提高而不是降低辍学率。这对于一些有特殊需要的学生来说尤其令人担忧，

如果他们在掌握所有州内容标准之前不被允许毕业,他们可能没有理由留在学校。虽然作为一个国家,上至最高级别的政府,下到街道上的幼儿园,我们都希望"不让一个孩子掉队",但在高利害测验的语境中,有些孩子一次又一次地表现得很糟糕,这可能成为一个催化剂,让我们把真正希望得到帮助的学生落在了后面。那些反复表现不好的孩子有放弃的危险,一旦他们放弃了,我们将无法再次帮助他们。今天的测试可能会有所不同,但结果将会是相同的,当测试的明确目标是筛选和选择——识别和挑选精英,就会出现这样的问题。

此外,反对使用标准化测试做出高利害决策的人认为,一组结果不能产生足够的信息来做出那些决定,尤其是关于个别学生的决定。将教师和学生在课堂上多年来所发生的事情简化为一个单一的测试分数,这往往会掩盖而不是阐明学习的结果。最标准化的测试分数太不精确,无法对大多数高利害的决策产生影响。在某种程度上,这是因为一些测量误差源甚至超出了最好的出题者的控制范围。因此,在重新测试时,由于随机错误,学生的分数可能会在年级上有两年的波动(上升或下降)。因此,存在这样的危险:一些用户将测试分数的精确度置于分数的合理水平之上,从而导致潜在的不恰当决策。

这一点尤其令人担忧,因为目前还不清楚,所有被评价的学生是否都一致地接触到了优质课程、称职的专业教师,以及必要时提供额外帮助所需的时间和资源所带来的学习机会。学生甚至可能不会在学年的同一时间或一段时间接触到学术内容。

最后,批评者认为,高利害测验将导致课程范围被缩小,这是本章前面所述的问题。当教师教授测试题目时,基于标准的综合课程的运动遭到了破坏:牺牲了全部标准,以便将更多时间用于测试。

尽管如此,我们仍然主张将学生参与的课堂评价作为提高学生成绩的工具,我们并没有试图消除对于标准化测试的使用。但是,我们确实认为父母、教育工作者、学区成员和学生必须意识到,这些测试的结果可能会被误用,并且在最坏的情况下,它们有可能在高利害情况下对学生造成巨大的伤害。

本章重要观点

- 旨在通过公开报告学生成绩来实现问责目的的测试，不应与用于改善课堂日常教学和学习的测试相混淆。它们也不应该被误认为是激励和激发所有学生信心的评价。

- 家长应注意测试的类型以及由地区或州政府传达的预期目的。如果它被设计成一个常模参照测试，它可能无法很好地衡量实现标准的程度。

- 我们比以往任何时候都更需要确保教师和校长了解并理解每项测试所评价的成就期望，以及如何解释和使用所得的分数来改进学校的教学质量。我们面临着结果在无意中被滥用的可能性，只有在使用者接受过培训并能有效地使用结果的情况下，才能被避免这一可能。但目前，学校和教室的用户没有得到提升这些认识的机会。

- 虽然标准化测试确实可以为重要决策者提供信息，但正是这些日常的课堂评价才能够满足学生、教师和家长的信息需求。标准化测试只对我们改进学校作出了部分贡献。

第 6 章

交流学生的学习

　　"那么,你今天在学校做了什么?"毫无疑问,这个问题是我们想要知道孩子们在学校中的学习情况时最常用的一种问法。我们或许可以通过将"做"改为"学习"来更加突出这个问题,从而大大降低我们听到,诸如午餐时将巧克力牛奶和酸橙果冻混合在一起了等答案的可能性。虽然她在学校所做的事对我们很重要,但我们也希望从孩子那里听到她学到的东西。

　　无论以哪种形式提出这个问题,这都是我们了解孩子们学校生活内容和质量的最好机会。这个问题也说明了这种交流是学习中的一个重要组成部分,若该部分没有得到重视,可能会导致学业成就的降低。学生有能力向我们传达他们正在学习的内容,他们的成功是什么,以及他们接下来采取的步骤是什么。然而,学生们可能需要一些指导和练习来学习如何进行有效的交流。而研究也清楚地表明:当学生被教授进行自我评价并与感兴趣的成年人交流他们的进步时,他们会学到更多的东西。这个学生直接参与交流学习的例子是课堂教师可以融入在其教学过程中的促进学习的评价的原则之一。

主要目的

　　在本书的这一点上,当我们说,我们认为交流学生的进步和评价结果的主要(但不是唯一)原因应该是帮助学生改进他们自己的学习时,你也许不会感到惊讶。因此,有关学生学习的信息应该是及时的,学生和家长都可以理解的,并且包含描述学生在学区或州的标准方面取得进步的具体细节。通常情况下,我们获得的唯一信息是以考试成绩或成绩单的形式出现的,这些都不会为我们或我们的孩子,提供有关他们在某科目所学或仍需要学习的充分信息。此外,即使是向公众和家长传达大规模标准化考试的成绩,它也很少会对学生的实际学习产生影响。在本章中,我们将探讨评定等级和报告分数的做法,这些实践都是准确地进行沟通的基础,并且它们也可以促进学习。我们还建议父母可以使用一些策略来理解大规模标准化测试的评价结果。

什么是成绩?

让我们从成绩报告单和成绩开始。它们是我们学校文化和整个社会传统的一部分。除了在交流中的作用之外,它们在许多人心目中代表了激励学生的奖励和惩罚。鉴于它们的重要性,我们可以在学校评价实践的考察中对其予以特别关注。在此过程中,重要的是要记住,教师评定的成绩要与用于收集学业成就信息的潜在评价一样合理。如果学业成就目标不明确或评价质量太差,那么由此产生的成绩将无法准确地反映孩子的学习情况。如果我们要相信成绩能意味些什么,那么它们必须基于准确的评价。

符号的意义

等级"C"对你而言意味着什么?对你的孩子呢?对你孩子的老师呢?一个教室里的"C"等同于另一个教室里面的"C"吗?还有谁会看到成绩报告单?成绩对他们意味着什么?成绩充当从消息发送者——教师,到消息接收者——学生和父母,有时到其他人的交流符号。准确的交流依赖于发送端与接收端两端的符号具有相同的含义。这不仅适用于成绩报告单上的"C"等级,还适用于现在常用于学区和州级测试以及某些学校成绩报告单上的术语。学生可能会得到一个分数或成绩,表明他"精通"数学,或者她在阅读中是"新手",或者在写作中是"高级"水平。然而,如果没有清楚地理解这些术语的含义,我们对学生的学业成就水平会知之甚少。

什么会计入成绩?

不同的教室之间,"C"等级通常并不意味着相同的含义,因为教育工作者对于哪些因素有助于确定成绩报告单的等级会持有不同的意见。这是一个引发教育者和家长之间激烈讨论的话题。以下一些示例将会显示这个问题的棘手程度。

是否应该在成绩报告单的成绩中考虑学生的作业表现呢?如果是,并且学生没有完成或将其上交,则成绩报告单成绩会降低。然而,如果同一个学生在测试中表现得非常好,表现出非常高的学业成就呢?哪个才是关于这个学生学业成就的最准确的交流,是基于考试成绩的分数还是由于缺少家庭作业而降低的分数?

是否应该在最终成绩中考虑学生努力的程度呢?对于父母来说,了解孩子们学习的努力程度不重要吗?但是,如果学生不需要努力学习很多东西呢?如果这很容易怎么办?学生应该获得较低的成绩吗?

公民身份和课堂行为之间的关系该如何考虑呢?要获得数学中的"A",是否应该要求学生在任何时候都表现得恰当,并且要模仿我们希望在所有学生中看到的举止和责任?

出勤率应该算入成绩吗?如果学生出勤率低,可能会对他们的学习产生不利影响。但是,如果他们的出勤率会反映在最终成绩中,是否应该鼓励他们定期参加?上课迟到了怎么办?例如,在几何学的最终成绩中是否应考虑到经常性迟到?

在学科领域成绩单的成绩中包含这些因素和其他因素是有很充分的理由的。最重要的是我们重视这些品质和行为。学生需要它们支持自己在学校和校外生活中的良好表现。我们希望能够传达这一重要信息,并希望能够报告学生在这些方面的表现。次要的论点是,如果我们不将它们包括在成绩中,学生将不会表现出这些期望的特征。我们希望使用成绩作为激励因素来建立我们认为重要的习惯。

然而,也有更好的理由不将习惯和行为纳入成绩报告单。当所述学习期望的成就水平之外的所有东西都被计入学科领域的成绩时,我们就失去了成绩的意义。当其他因素被计入成绩时，我们无法知道该成绩所代表的学生对该学科学习水平的程度。如果教师在成绩报告单中包含不同的因素，以不同的方式对其进行定义，并以不同的方式进行评价和加权，我们简单而传统的"A到F"交流系统将无法表达一致的含义。而成绩必须单独作为发送者和接收者之间具有共同意义的符号：只有当他们代表学业成就时，成绩在不同班级和不同学校之间才有相同的意味。因此，我们建议仅在学科领域等级中包括有关所述学习目标的学业成就水平的信息。

对于想在报告中传达有价值的学习习惯和行为的这一愿望，通常的解决方案是在成绩单上留有一个单独的位置。这样，如果你的孩子在科学中获得"C"，你就不必猜测这是由于工作习惯，态度还是对科学概念的理解水平。如果习惯和行为对于收集数据非常重要，成绩单应该能够清楚地对这些项目进行交流。

动机问题有点难以解决。改变成绩报告单的成绩以奖励或惩罚学生的态度和行为，这并不是解决此类问题最有效的方法，并且还会引起关于成绩意义的混淆。这里有更有效的方法解决这些态度的复杂性、出勤率和努力问题，它比使用成绩作为"大棒"或"胡萝卜"更为有效，例如第2章中描述的形成性评价。我们所知道的任何研究都不支持使用成绩报告单上的成绩来改变态度、出勤率或努力程度。学校有理由分别对它们进行报告，但他们没有理由为了改变行为而对分数犹豫不决。

关于家庭作业和评分的进一步思考是：请记住第4章中所说的布置家庭作业的目的各有不同。如果目的是为了实践，那么相比于成绩，描述性反馈会对学生更有用。

图6.1阐述了一个模型，其将学科领域成绩中应包含的变量与那些其他报告中应包含的重要变量予以区分。

并非所有的学校都遵循仅包括学科成绩方面的学习信息的原则。如果成绩单上或其他地方没有明确说明，询问孩子的老师成绩单上的内容是很重要的。只有这样，我们才能准确地解释成绩并知道如何为孩子的学习提供支持。

总结学生在学校/教室里所做的一切
以报告为目的的变量：

以报告为目的的变量：

- 学习习惯
- 出勤
- 努力
- 参与
- 学习目标
- 随着时间而改进

以评分为目的的变量：

- 期末测验/考试
- 最终的学习表现
- 表现
- 定期的总结性评价

图 6.1 适用于报告和评分的变量

来源：Adapted from "Guidelines for Grading That Support Learning and Student Success" by K. O'Connor, 1995, *NASSP Bulletin*, 79(571), pp. 91 - 101. Copyright 1995 by NASSP. Adapted by permission. For more information concerning NASSP services and/or programs, please call 703 - 860 - 0200, or visit www. principals. org.

计算机评分程序

我们想要解决的是与评分相关的最后一个问题。正如古斯基（Guskey，2002a）所描述的那样，今天许多教师，尤其是中学教师，他们使用计算机的评分程序来确定学生的成绩。这些软件的程序大大简化了教师的记录工作。虽然他们在数学上快速有效地计算成绩，但是其中一些被设置为对学生进行评分的程序有悖公平或准确性。例如，他们可以在成绩计算中自动包含零，或者仅依靠平均输入的所有分数来确定最终成绩，或者在最终成绩中包括与学生学习没有直接关系的一些其他变量。当实际上并不准确、公平时，它们却可以造成准确性和公平性的错觉。关于将什么计入成绩的决定应该来自我们对良好评分做法的了解，而不是来自计算机程序员的想法。因此，教师、学生和家长需要认识到，虽然软件评分程序可以节省时间，但我们不能依赖它们替我们思考。

评分计划

正如学校需要与我们跟孩子交流学习一样，学校也需要与我们交流他们将如何做出决定。教师通常在学年的第一周向学生和家长提供有关学习期望（有时称为教学大纲）的书面描述。那时教师还应该解释他们将评分的内容，展示他们将如何总结并定期将评价转换为成绩报告单上的成绩。这通常被称为评分计划。在教学之初与学生讨论评分计划是我们父母可以在孩子们的课堂中寻找的一种实践。

超越字母等级和符号

虽然成绩可以是一个关于学生在一个学科中表现如何的总体信息，但它的细节——特别是学生擅长并需要下一步改进的方面——有助于进一步学习。因此，教师们已经开发出了一些方法，来提供我们所需要的具体信息，以帮助孩子的学习。这些更有用的交流方式包括：

- 学生已经达到和尚未达到的内容标准清单。如果将其分解为特定的学习目标，则这些清单最有用。

- 发展性连续体。想想学生在学习阅读时所经历的各个阶段。他们会在每次阅读时意识到书面文字具有相同的含义，识别字母，并将声音与字母和单词相联系等。这个发展序列被称为发展性连续体。它们可以被写出来，以便教师、学生和家长都可以跟踪学生的学习进度。

- 关于学生在达到内容标准（有时称为轶事记录）方面的进展性书面评论和说明。在这种情况下，教师会定期记录他们看到每个学生成功和吃力的内容。许多小学教师使用轶事记录来帮助他们跟踪他们需要教授每个学生的内容。他们经常在会议时间分享轶事记录中的观察结果。

- 档案袋或其他学生作品集。档案袋是学生作品的集合，用于显示学生在某一具体的时间内特定学习目标的进步。例如，写作教师可能会要求学生为英语课组建一个档案袋，包含：

1. 不同类型的写作样本(一个故事、一篇记叙文、一篇新闻报告、一封劝说信)。

2. 选择每件作品的理由——每件作品如何展示优秀写作的特征。

3. 关于他们的写作如何随着时间的推移而改进,以及他们未来的工作目标是什么的最后的自我反思。

- 各种形式的会议,其中的一些涉及学生。在学生参与的会议中,学生有责任在一个或多个学科领域收集他们作业的样本,并向他们的父母解释这些作业的样本如何展示他们所学到的知识。在这种情境下,家长、老师和学生共同为学生的下一步学习设定目标。

- 展示柜和展览会。许多学校举办科学或数学博览会,写作展示或历史日庆祝活动,为学生提供机会以展示他们所学的知识。这些展示柜和展览会为父母、祖父母、其他亲属和感兴趣的社区成员提供了一个机会,让他们更多地了解当地学校的情况。

最后,许多学校最近重新设计了他们的成绩报告单,使其所包含的信息能够反映州的标准和或学区的课程,以便向学生和家长提供与这些标准相关的学生进步的详细信息。当学生交流他们自己的进步时,他们经常使用这些本地开发的成绩单中包含的基于标准的一些词语。

学生作为交流者

在某些学校环境中,学生是有关其学习信息的被动接收者,而非信息使用者。一种对激励学生承担更多学习责任至关重要的做法是:让他们参与交流自己的进步和作为学习者的角色。

通过自我评价活动,学生可以深入了解自己的学习情况。当他们告诉老师和父母自己的学习时(合乎逻辑的下一步),他们会为自己的努力和成就感到自豪。他们将自己对学习的了解传达给别人的行为有助于学生更全面地了解他们学到的知识。在这种情况下，没有什么比收获成功更成功。当我们知道自己做得很好的时候，我们对自己的成就感到满意，并且更热情地接受进一步的挑战。随后的学习也会变得更容易、更愉快。

这看起来是怎样的？它可以呈现多种形式：

- 样本（samples）：学生把作业样本带回家并谈论它们，详细地解释它们所展示的具体学习的细节。

- 家庭便条（notes home）：学生给父母写一张便条，告诉他们如何帮助自己完成作业（"亲爱的妈妈，请帮我修改报告的组织结构。这就是……"）。

- 档案袋下午（portfolio afternoon）：学生邀请朋友和亲戚参加他们学校的"档案袋下午"，在那里他们展示自己的作品并解释其所展示的学习内容。

- 展示柜或展览会（showcases or fairs）：学生邀请朋友和亲戚参观他们的学校展示柜或展览会，展示他们的作品并解释其展示的学习内容。

- 会议（conferences）：学生与老师、家长一起参加或主持会议，检查他们的作业，讨论优势并确定新的学习目标。

- 对外展览或高级项目（exit exhibitions or senior projects）：高中学生准备并展示各学科领域的学习。

关于标准化测试的交流

在过去的十年中，大多数州、学区和学校在交流上都面临着一个额外的挑战，即向家长和公众描述他们通过的新测试或者他们所在州问责法所要求的考试。解释测试中出现的题目类型、评分方式、测量结果、结果意味着什么，并将如何使用结果，测试所花费的时间以及纳税人的成本，这些事情使学校行政人员处于忙碌之中。

正如一个教室、学校与另一个教室、学校对于"C"等级的认定标准并不相同一样,一个州的标准化测试中对于"熟练"的定义,可能不等同于另一个州标准化测试中对它的定义。重要的是要记住,尽管学区和州已经制定了指导教学和学习的内容标准,但这些学习期望在期望的数量和难度方面都有所不同。有些包含许多较小的内容标准,其他包含更少、更全面的内容标准。一些标准为学生提出了雄心勃勃的学习目标,反映了学生在多年内完全实施标准时应该具备的能力;一些其他的则确定了学生在当前学期内更容易达到的学习目标。

因此,我们必须查询我们州和学区的内容标准的严格程度。此外,我们必须认识到,从一个州到另一个州,从一个学区到另一个学区,对于"多好才算是足够好"的定义并不相同。这个定义被称为表现标准,不是对学习的表述;相反,它是对可接受的质量水平的表述。我们在课堂环境中最熟悉的例子是"及格分数"(passing grade)。在今天的许多学校中,及格分数,即表现标准仍然是"D-"。等级"D-"尽管不太可能像等级"A"一样为高中毕业生打开大门,但它仍然算是一个及格分数,因此对于一些学生以及某些学校系统而言算是"足够好"。

不幸的是,通常情况下,州级测试的得分报告几乎没有包含父母判断孩子学习情况的具体信息,并且报告也难以看懂。为了与家长和社区清楚地交流标准化测试,我们建议每所学校需要准备回答以下问题:

- 为什么要让学生进行这个考试? 答案应包含测试的简要说明和一系列预期使用的结果。

- 该测试测量的内容是什么? 内容应该与学区课程直接相关。

- 测试及时吗? 它需要花多长时间?

- 测试使用了哪些评价方法?

- 如何报告结果? 信息会以百分比的形式计算吗? 它能反映学生对表现标准的接近程度吗? 分数是否会反映年级水平的等效性(grade-level equivalent)? 数据是否会显示学生对特定学习期望的了解程度?

- 如果得分作为对表现标准的参照,"精通"或"符合标准"是什么意思? 这些术语是什么意思? 应清楚地解释分数报告中的所有术语。

- 在得到这些结果后，父母可以使用哪些策略来帮助孩子采取下一步的学习？
- 家长或社区成员应该联系谁以获取更多的信息？

我们的学校或学区也可提供下面几种类型的交流：

- 一组关于测试、测试所测量的内容标准以及它所服务的问责系统的常见问题。
- 关于测试本身情况的说明书。
- 关于内容标准和评价的家长手册。
- 评价和测试术语表。
- 带解释性指南的学生成绩报告样本。
- 带学生回答得分示例的样本测试题目。
- 由州或地区制作的录像带，用于向公众通报测试项目。
- 关于家长如何帮助学生在地区或州级考试中做好准备的提示。

将州的测试结果与成绩报告单的成绩进行核对

之前我们提到过这样一个事实，即州级测试的严格程度差异很大，表现标准也是如此。在一个州，70％的四年级学生可能符合数学考试的标准，而在另一个州，可能只有20％符合标准。正如我们所看到的，我们必须小心地解释这两个分数的含义，70％的学生符合考试标准的州可能确实比20％的学生符合考试标准的州在教育孩子方面做得更好，但也有可能并非如此。因为一个州评分可能比另一个州更为严格。或者，一个州比另一个州期望学生了解的内容更多。

这个问题可以用于说明另一个问题，我们可能更常遭遇这样的经历：州的测试结果与学校成绩报告单的成绩之间明显不匹配。州的测试可能表明学生未达到阅读标准，然而学生收到的来自教师的评价显示,他在阅读中的成绩单上的得分是"B"。早期测试中的分数可能添加了混淆的东西,表明学生的阅读水平正在达到或高于年级水平。当学生收到"B"的等级并且获得课堂教师赞扬的评论时,州的测试如何报告整体上的不足？课堂教师所持有的表现标准和国家为年度考试所持有的表现标准能够如此不同吗？

这种不匹配的确会发生。原因可能包括你的孩子在课堂学习的内容与测试内容之间缺乏一致性,课堂评分的错误,当天的测试出现问题,或者你的孩子在测试当天所遇到的问题。虽然一些可能的原因或许会导致你忽略测试结果,但在确定测试分数不准确之前,你需要确保了解两种评价之间差异的来源。如果你发现自己的孩子处于这种情况下,不要忽视它。我们建议你安排与孩子的老师进行对话(交流),使用以下问题以及你可能有的其他问题,作为交流的指导：

1. 你能帮助我理解你所评定的成绩如何准确地反映我孩子的成绩吗？

2. 你在课堂上教授和评价了哪些成就目标？

3. 州对哪些学术标准进行了测试？这些与你课堂上的学业成就目标有何关系？

4. 你的测试和州的评价是否测量了相同的东西？如果没有,有什么区别？

5. 州如何评价内容标准？州级评价是否有可能没有准确地反映我孩子的学业成就？

在这些问题的答案中,你可能会发现成就期望、评价过程、表现标准和结果的含义之间的相似和不同之处。你也可以深入了解你的孩子作为一名学习者的情况。重要的是要记住,这种对话的动力是你孩子的幸福。让这个对话关注于你和教师如何使用评价结果来促进自己孩子的学业成就是很有用的。

本章重要观点

- 在传递学生成绩的相关信息方面,没有哪一种方式堪称是绝佳的方式。成绩有时候可以满足我们的某些需求，但我们不能寄希望于它能够满足我们对于所有信息的需求。

- 在合理的成绩报告单中，有关评分的基本原则应被反映在学区的评分政策和课堂中。我们可以询问一些关键的问题去确认这些原则是否得以呈现。

- 每个学科领域的成绩单都应向我们清楚、明确地表明学生当前的成绩水平。如果学校有对其他因素的相关信息，如努力程度、出勤状况以及公民身份的表达等作出考量，那么有关这些信息的评价应该单独出现在成绩报告单上。

- 学生在沟通学习方面扮演着关键角色，准备和进入这一角色的行为可以提高他们的学习成绩和学习动机。

- 判断学校的质量和评价学生的学习也同样需要谨慎：过于关注任何一个单一的学业成就指标可能都会扭曲整体或个人的进步。

第 7 章

整合各部分的力量： 家长和社区参与学校评价

促进孩子的学习和保护他们的幸福是我们作为父母和教育者工作的重心。在这些努力中，我们与全国其他所有家长和教师以及无数成千上万的公民一起，积极地关注儿童的教育和学校质量。在这个考试越来越多的时代，我们认为父母应该比以往任何时候都要谨慎，不应该不假思索地假定学生在课堂上或在州级测试中所接受到的评价是准确的评价。

在最后一章中，我们将回顾在前面章节中提出的一些重要观点，并将这些要点与你作为父母或感兴趣的社区成员的角色相联系起来。对于前六章中的每一章，我们都会向你提供了可以询问当地教育工作者的问题，以帮助你了解当前的问题以及当地学校和教室的评价环境。我们还建议你查看与评价质量、评价的平衡性和评价目的等相关的具体事项。

在课堂上，因为我们知道大多数国家的教师没有被要求认证为"合格的评价员"以评价学生的学习，所以很多人可能没有接受过这方面的培训，也没有相关经验。这并不意味着高质量的课堂评价不会在许多课堂或大多数课堂上发生。但是，这的确意味着父母应该对所有形式的评价都要保持一定程度的好奇心。

至于对你的孩子参加过的大规模的"关于学习的评价"（assessment of learning）而言，我们鼓励你作为家长向学校询问有关这些测试的问题，例如，如何使用它们，为什么使用它们，它们的结果是什么，以及它们意味着什么和不意味着什么（National Education Association，2002）：

- 经授权的州级测试与其他学区或国家层面的标准化测试之间是否存在差异？它们评价的是同样的内容吗？
- 学生如何为他们所参加的所有标准化考试做好准备？该准备用了多少时间，而在测试中没有出现的学科内容是否会对学习产生不利影响？
- 学校是否使用单一的测试分数对学生做出一些决策？

通过这样做，你就可以逐渐了解学生是否接受了过度的测试，或者测试是否和预期的目的并不匹配。

通过探究"关于学习的评价"和"促进学习的评价"，你可以证实在课堂上有很多强有效的学习机会使所有的学生受益。

与学校合作

我们的目的是让你有能力采取自己认为恰当的任何步骤以促进孩子的学习，并在当地学校，以评价作为工具来倡导质量改进。重要的是要记住，作为父母或社区成员，我们并不寄希望于我们的工作或你的工作是"解决"你可能遇到的任何评价问题。相反，我们希望教师和校长能够依靠我们作为盟友、合作伙伴，为所有的学生宣传最佳的评价实践。当我们帮助学区或学校找到了它们所面临的问题的解决方案时，我们就实现了这一目标。要有效地做到这一点，要求我们高度重视我们作为父母和学校之间的关系。这种关系如果被破坏可能会中止任何改进的机会。请牢记以下几点内容，以与学校和教师保持健康的工作关系：

- 专注于通过基于相互尊重的关系建立伙伴关系；教师和学校管理人员也会把学生的幸福放在心上。
- 加强积极性的方面，帮助维持已有的并且进展良好的方面。
- 收集尽可能多的相关数据和信息，并在此过程中提出澄清性的问题。
- 本着相互帮助的精神分享想法，并愿意听取有关如何为孩子提供帮助的建议。
- 在这一年中定期围绕不同主题进行交流。这有助于不同主体之间建立信任关系，保持交流渠道的畅通，并在解决问题时提高接受度。

父母应该知道什么和能做什么

第 1 章：今日学校的评价

只有实现了高质量的标准化测试项目、关于学习的评价项目以及高质量的促进学习的课堂评价三者间的融合与平衡，我们的州和地方评价系统才会真正地为学生的学习提供服务。一般意义上，大多数学校都缺乏这种平衡，但如果想要促进学生达到高标准，就必须存在这种平衡。如果想要了解学校和学区存在的平衡，请考虑找到以下部分或全部问题的答案（Stiggins 和 Knight，1997）：

- 你的学校或学区是否有一个计划来解决平衡评价系统的需求？是否存在支持这种平衡的评价哲学和学校董事会政策？

- 高质量评价是否包含某一愿景？是否包括所有评价的质量标准？它是否定义了课堂评价如何适应学校、学区和州级测试的更大的图景？

- 这个愿景在父母和其他人可以看到的书面计划中被阐明清楚了吗？

在第 1 章中，我们描述了我们认为公众对学校课堂评价实践的看法与教师通常必须具备的评价能力之间的不匹配的情况，以及通常教师很少有机会发展评价素养。如上所述，许多教师还不知道周全的和不周全的评价做法之间的区别。因此，他们实施的评价质量和准确性大受影响。

这些问题和思考可以帮助作为家长的你了解到，具有评价素养的教师应该在评价方面具备哪些知识和能力。因此，你可以在孩子的教育中留意这些做法。我们希望在每位教师身上看到的具体知识和技能包括以下内容：

- 教师在教学之前理解并明确定义学生要实现的学业成就目标。

- 教师以学生能够理解的方式定期向他们传达这些成就目标。

- 教师确保学生自己能够描述他们要达到的目标以及学习中接下来会发生的事情。

- 教师可以将这些成就目标转化为能够产生准确信息的可靠评价。

- 教师了解评价与学生动机之间的关系，并使用评价来培养学生的自信心。

- 教师始终使用课堂评价信息来改进教学。

- 教师对学生的反馈是频繁的、直接的和描述性的。

- 教师有意为学生创造机会，使他们积极参与自己的评价，包括与他人交流自己的学习。

此外，下面的策略可以帮助你确定正确的评价实践原则是否在你当地的学校起作用：

- 与老师讨论他们在课堂上所进行的评价。使用上一个列表来查找有关课堂评价环境的信息。

- 询问校长是否在全校范围内开展了课堂评价素养方面的教师专业发展活动，以帮助教师获得相关知识和技能。

- 检查学校的评分政策。了解教师如何处理学生的努力、出勤情况和课堂参与的问题。与你孩子的老师进行沟通，了解他们如何处理评分和报告的问题。

- 查看对于学生进步情况的交流方式：作为单一的分数，一种叙述性的描述，一个对书面课程标准进展的评价。你是否还有其他方式可以了解你孩子的进步情况？如果有，请与学校人员讨论这些想法。其中的一些想法和选择可能已经在学校中存在了。

教师需要的准备和支持

常见的误解是教师从高校的准备课程中走出来时，已经为一生的课堂教学做好准备了，无需再接受进一步培训。事实上，教学与其他职业没有什么不同。新的研究可以为新的实践提供信息，从而产生更好的结果。及时了解有效的方法并了解如何在课堂上实施最佳实践对于学校教育的有效性至关重要。专家们知道，对于学生来说，没有比知识渊博、称职的老师更重要的了。

专业发展——提高教师的技能——是让所有的教师都具备评价素养的好办法，这样他们就可以在课堂上运用"促进学习的评价"，这是学校改进的基本要素。然而，教师可用于专业发展的时间和精力都很有限。尽管许多行业和公司可能会将其预算的 20% 或更多投入到员工的培训和再培训中，但教育系统在这方面几乎没有预算——这方面的预算通常低于总预算的 5%，远低于其所需水平。

为了解决这个问题，我们可以经常为教师提供专业成长所需要的材料，并以"选择菜单"的形式提供给他们，同时提供关于每个项目对学生学习影响的信息，以指导他们的选择。学校和学区的投资回报很难追踪。有时，这导致人们对教师专业发展产生怀疑，甚至引起那些可能认为教师专业发展是不必要的矫揉造作，或者认为对教师专业发展的资金投入并不值得的人的批评。

某些专业发展模式，例如校本学习小组，已被证明比其他模式更有效（American Institute for Research，1999）。我们鼓励家长和社区成员将专业发展视为学校改进中必不可少的要素，以了解当地学校和学区如何投资于他们教学人员的持续发展以及他们可能面临的障碍，并支持有效的专业发展。这样做时，请记住这些提升质量的通用指南：

- 它是在一个重视合作学习的学校里以学习小组的形式组织起来的吗？又或者它的主要关注点是将个人送到传统的工作坊和会议？工作坊和会议是获取新信息的好方法，但学习小组的方法在将新想法转化为课堂实践方面更有效。
- 它是否具有持续性——它是否为教师提供了持续的支持，而不仅仅是一次学习新东西的机会。
- 它是否强调学习和应用建设性的策略，以及教师是否具有主动学习的机会？

就像我们想要为孩子们提供良好的学习环境一样，我们也希望孩子们的老师能够有良好的专业成长环境。通过让教师明显地参与学习，为学生树立持续学习模式的学校可以向学生和社区传递这样一个信息，即学习是贯穿人的一生的事情。

第2章: 将学生的动机和评价联系起来

学生参与课堂评价会对学生的学习动机和学习本身产生重大影响。当学生想要学习时,往往是因为他们觉得自己有学习能力,而课堂上高质量的形成性评价可以培养学生的自信并促成其真实成就。这不是建立自尊,而是利用学术上的成功来提高学生的信心,并引导他们成为更好的学习者。由此,自然的自尊和动机将随之而来。

当学生使用评价信息来设定目标或做出与他们自身改进相关的学习决策,或就他们的状态和实现既定学习目标的进展进行交流时,他们会参与评价。学生们如果正在与老师一起做下面的事情,他们将参与到评价中:

- 理解良好表现的特征。
- 使用评分标准和量规来评价匿名作品的质量。
- 评价自己的工作质量: 确定优势领域并设定改进目标。
- 根据他们对要达到的学习目标的理解以及他们要学习的材料中的基本概念,创建测试"蓝本"草稿或练习测试。
- 与他人讨论自身的成长,并确定自己何时接近成功。
- 积累他们自身成长过程中不断改进的证据。
- 领导或参加家长会。
- 计划他们下一步的学习。

我们知道,学生会经常收到分数或者批评性反馈之外的以表格形式呈现的判断性反馈。"对此你真的很努力""你真的很棒"或页面顶部的笑脸贴纸,似乎对于许多父母,甚至教育工作者来说,都是很正常和可接受的。当然,这一切都是出于善意的,只是这样的评价与我们所知道的有效方法并不相符。如果在大多数情况下只给予判断性反馈,教师就会错过促进学生学习的巨大机会。学生们需要有关修正和提高未来工作的信息。精心提供的描述性反馈,是你和你的孩子了解他/她在学校中表现如何的最重要和最有用的信息来源之一。作为父母，你可以在教师评价中寻找以下内容：

- 关于你的孩子在她/他工作优势方面的描述性交流。
- 关于一个答案为什么是正确或错误的容易理解的描述。
- 关于孩子如何改进的明确的、建设性的建议。
- 通过高质量作业的例子来提供优秀的范例，以指明孩子可以努力的方向，并对高质量要素作出解释。

如果你不理解老师的评分或评论，可以让你的孩子来解释它们。如果你的孩子也不能解释，或者你不能理解孩子的解释，请联系你孩子的老师。

第 3 章：学生学习什么：标准、课程和学习目标

在过去的十年中，州和学区已经为大多数年级和科目制定了学术的内容标准。并且，现在已经进行了测试，以衡量学生在这些方面取得的进步。在许多学校，标准是非常严格的，一些学生最初将难以达到这些标准。以下是关于作为父母的你该如何了解当地学校标准的建议：

- 根据年级和/或科目查看你的孩子所在的学校是否有书面课程。许多地区和州都在互联网上公布了这些文件。学校是否将年级与年级之间的课程相联系？教师是否将其用作交流学业期望、指导教学以及报告学生进步的手段？
- 打印（或请求）内容标准和年级课程的副本并将其保存在档案中，以便你整个学年都可以在家中参考。也借此来熟悉你的孩子逐个年级的学习预期。我们把自己女儿的年级水平的学业期望贴在了冰箱门上，她经常参考它们来衡量自己的进步。

当教师明确了每堂课的学习目标并将前后的学习内容联系起来时，学生发生真实学习的概率就会增加。此外，如果学生知道了学习为什么很重要，并且他们知道成功的、高质量的学习是什么样的，那么他们的学习就会进步。作为家长，你可以提供以下帮助：

- 询问你的孩子是否每天都清楚自己的学习目标。

- 询问他们是否知道自己为什么学习，自己正在学习什么，以及这些内容将来如何帮
  助自己与学校以外的生活联系起来。如果他们无法解释这一点，请与老师讨论她该
  如何告知学生课堂的学习期望。

- 看看你孩子带回家中的评价并确认：被评价的内容是否与所教授的内容相匹配，是
  否与书面课程相匹配。

- 监控孩子应掌握的学习目标的平衡性：知识、推理、表现和成果。使用表 3.2 和表
  4.1 来帮助你确定自己所期望看到的评价方法的平衡性。

第 4 章：课堂评价：原则、方法和质量问题

不论在什么情况下，用于评价的方法都应与所评价的学习目标类型相匹配。例如，我
们在传统上使用关于语法规则的多项选择题来评价写作。很明显，有些学生可以在这种考
试中取得好成绩，但实际上他们并不能做到很清楚或简洁地写作。使用选择性反应测试来
衡量关于语言的结构或写作的惯例（大写、词性、标点符号等）的知识是很好的。但是，如果
想知道学生如何应用这些规则以及他们写得多清楚，我们必须通过论文或表现性评价抽样
他们的写作，对其作出评价。

教师作为一个合格的学生学习的评价者，他必须具有下列与评价方法和质量标准相关
的知识和技能。你可以在孩子的课堂上寻找这些内容和/或与老师讨论这些技能是如何为
你的孩子服务的。

目的
- 教师知道他们为什么要进行评价以及如何使用这些信息。

- 他们根据评价的用途与目的选择评价方法。

- 他们进行各种评价，以满足所有那些决定会影响到学生幸福的人的信息需求。

- 在他们班上的学生可以解释为什么他们要参加评价以及如何使用这些信息。
- 满足学生的信息需求，并以鼓励他们继续学习的方式及时、准确地反馈他们的学习情况。

目标

- 教师可以解释他们正在教授和测量的具体的学习目标。
- 他们班级中的学生也可以说明这些目标是什么。
- 具体的学习目标来自于在当地(学区)层面创建的精心规划的学习计划，并代表了学生在毕业时需要知道和能够做什么的当前知识。

方法

- 教师使用各种评价方法，并且这些评价方法是根据他们所评价的学习目标类型和评价目的来确定的。
- 他们能够准确有效地使用每种评价方法。
- 使用家庭作业作为评价工具的教师认为，并非所有的家庭作业都是一样的。他们可以解释家庭作业的目的，并可以告诉你哪种形式的父母参与可以让孩子的学习最优化。

第 5 章: 标准化测试

全州范围内的大规模测试的编制质量各有高低，有些测试的质量要高于其他测试。在判断你所在地区的全州测验的质量时，了解以下问题的回答很有帮助：

1. 州的测试结果是否按每条标准报告给学生和家长？如果将成绩合并为一个分数或按百分位数报告，那么关于学生掌握和达到州标准的程度的信息会很少。报告是否包含了你孩子具体的优点和缺点？

2. 测试有时间限制吗？它是要求学生一次完成，还是允许学生一直工作，直到完成整个评价？如果学生不需要赶时间，我们向他们传达了一个不言而喻的信息，即我们珍视他们最好的工作和真诚的努力，质量很重要，并且他们不需要通过测试比赛来确保任务的完成。

正如大学招生办公室正在扩大入学标准，使入学标准超出传统的入学考试成绩这一范围，包括学生写作样本和其他可能成功的预测因素，我们需要以同样的方式看待学校的有效性。你孩子所处环境的质量，包括学校关注和培养学习的程度，以及它如何鼓励孩子们的学习动机等，这些与任何可能代表学校学术课程的分数一样重要。

学校拥有可以用作分享整体学校质量和表现以及个别学生表现的丰富信息。但是，对一个学生或一所学校而言，不是所有重要的东西都能用一个考试成绩来概括。纸笔化的常模参照测试适用于特定目的，但它们并不会也不能衡量每件事情的重要性。此外，它们本身并不足以衡量学校的整体质量和效果。你的学校或学区使用哪些衡量成功的标准来衡量大部分有价值的学习，而不是通过常模参照测试来衡量？这些措施如何与你的孩子在其他评价中的结果相一致？是否存在一个范例？

第6章：交流学生的学习

交流学生的进步不应该是一次性的事情。相反，它应被视为一个持续不断的过程，以各种方式及时地提供有关学生学习内容和学习能力的信息。为了获得成效，教师、家长和学生必须分享对信息内容的理解以及可能用作该信息的一部分的任意符号。

带回家的评价信息可包括学生的成果、日志、自我评价结果、档案袋、学生成长计划、家庭支持建议以及考试成绩和成绩报告单的等级。有效的交流使用定义好的学习期望和评价标准作为信息的基础。换句话说，学校向家长报告学生在直接交流方面的表现如何，并且以可以理解的方式说明学生应该知道什么和能够做什么。许多学校采用了与州标准和/或学区课程期望相关的成绩单，从而提供了有关学生在相关标准方面进步的信息。在这种

情况下,请确保你能做到以下事项(Dietel,2001):

1. 清楚地了解报告中使用的术语,并在成绩单公布之前查看它。如果术语不明确,请与老师联系。

2. 与你的孩子讨论成绩单上的内容/格式/术语,确保孩子能够明白它。

3. 让你的孩子使用这些术语评价自己,并将其和老师给出的评价进行比较。

4. 询问你的孩子,看他(她)是否知道如何改进自己需要改进的领域。

允许学生作为学习者追踪自己的进度,然后将这些进度传达给他人,这是学生参与评价本身的一种方式,也是评价学习的关键原则。如果学区或州使用评分规则,请在家中保留它的复印件(副本)。同样必要的是要了解哪些因素能够或者不能计入成绩报告单的总成绩,并且要了解对于孩子学到的内容而言,符号(字母等级、数字等)所表示的意义。同时,要寻找学校用来传达学生成绩的各种工具和策略,并询问你的孩子是否可以解释他们的成绩是如何确定的。另外,将所有可以带回家的评价结果存档。

请记住,通过多种信息来源而不是单一的成绩或分数,可以更准确地描述学生学习的全貌,包括每个学习者的具体优点和缺点。寻找对于个别学生的学习描述得最好的州和学区成绩报告,解释它的结果,并在适当的时候,以使用者可以理解的用语描述“通过”测试所需的熟练程度。

结论

正如研究清楚地表明,“促进学习的评价”原则应用于课堂可以促进学生在学业成就上有所收获,父母的参与对学生的学习也有明显的影响。越来越多的学校和学区都已经认识到,正如研究中所描述的并在高效的学校中进行的那样,父母的参与可以降低学生的辍学率,提高学生的毕业率以及提升学生的表现。现在,许多学校和学区都欢迎家长参与到政策、流程和活动等的精心编排中，以支持和鼓励这些政策、流程和活动。他们为父母开发了一些资源，供父母在家使用，如课程的家长指南，样本评价和测试问题，以及在每个学科领域帮助孩子的小提示等。

作为父母，我们需要认识到我们参与儿童教育生活的价值，并利用好许多学校在这方面提供的机会。参与可以有多种形式——在本书中，我们鼓励通过有效课堂评价的知识参与，并提供给父母怎么去做的一些想法来为他们的孩子保障健康的课堂评价实践。我们希望阅读本书的父母能够更好地完成以下内容：

- 了解有关学生带回家的成绩信息，并了解它在整体成绩中的位置。

- 通过教师的反馈监控孩子的学习情况。

- 鼓励你的孩子使用以前的作业反馈来设定自己的学习目标。

- 知道何时该担心，何时要更密切地监控，以及要庆祝什么。

- 了解你的孩子为何进行每项任务以及该项工作与课程学习目标的关系。

- 知道如何在家里帮助你的孩子。

将目光移置学校和教室之外，我们相信任何一位希望能够在地方、州或国家层面上提供评价政策领导和指导的人。许多社区成员在学校没有孩子，但确实在纳税，关心我们的年轻人所接受的教育，并担心美国在教育的某些领域远远落后于其他国家。政策制定者需要听取提倡均衡的评价系统的家长、教师和社区成员的意见，以为课堂评价方面的专业发展增加资源的分配和恰当地使用大规模的测试。

我们知道，今天的学校和教师面临着巨大的挑战，他们遭受了太多的批评。通常，测试的结果被用于政治目的，而忽略了学生学习、学校质量和效果的真实有效指标。学校校长面临的不仅仅是他们应该做到的事情；随着任务的艰巨性增加，行政职位的申请人数持续下降。在课堂上，教师面临的挑战是那些不在课堂上的人不能完全理解的。迫在眉睫的师资短缺也许可以表明这些挑战的复杂性正在增加。雪上加霜的是教育经费制度，其充足程度差别很大，这种差距不仅体现在各州之间，甚至是地区之间。

改善学校会面临很多的障碍。然而，我们知道许多学校已经成功地跨越了这些障碍。

现在,学校要作为个体为学生服务,促进学生当下的学习并帮助他们到达他们需要去的地方。在这一过程中,教育工作者已经认识到了,评价所能做的远不止衡量学习。我们最好不要把评价作为通过公共问责来改进学校的压力来源,而是将其作为促进学生和学校成功的基石。评价可以成为促进学生和学校成功的原因。正在发生这种情形的学校环境可以鼓励学生学习并建立信心。

我们国家的所有学生都可以,并且应该有机会成为成功的学习者。我们希望每个孩子拥有我们想让自己的孩子拥有的学校教育：注重学习,教室里有充满爱心和具备能力的老师,以及一个培养学生个性——身体、学业和情感上的学校环境。我们知道,作为父母,我们不仅有责任将我们的女儿送到学校接受学习,而且还有责任倡导我们在这本书中所描述的学校环境。我们乐于承担这些责任。我们知道还有许多其他人,就像我们一样,他们珍视这个国家给予每个公民的特权和机会,并竭尽所能地为教育做出有意义的贡献。我们这样做是为了我们所有的孩子。

评价术语表

问责(Accountability)

学生在评价中的表现与内容标准相互关联,而这些标准会给学校,有时也会给教育工作者带来奖励或后果。大规模的标准化测试被用来收集用于问责性决策的信息。

评价(Assessment)

收集有关学生学业成就的信息的过程,通常与确定的学习期望有关。使用不同的评价方法可以为不同的评价使用者提供不同的决策信息。

评价素养(Assessment literacy)

该术语用于描述教育者收集关于学生学习的准确和可靠信息,并能够以富有成效的方式使用该信息所需要的知识和技能。

评价方法(Assessment methods)

学校用来评价学习的不同方式。评价方法有四种基本类型:选择性反应评价、论述式评价、表现性评价和个别交流式评价。

偏见(Bias)

缺乏客观性或公平性,在本书中用于描述学生评价中的潜在问题。

内容标准(Content standards)

最广泛、最一般的学习期望形式,从中衍生出更具体的年级水平的课程。大多数州的大多数学科都存在内容标准,用于描述学生应该知道和能够做什么。

标准参照的测试(Criterion-referenced test)

评价学生在特定课程目标或标准方面取得的进步。成绩是与预先设定的可接受的表现水平进行比较,而不是与其他学生进行比较。

课程(Curriculum)

内容标准的更具体版本,通常为各个年级的每个学科领域而设计。课程指导了课堂中要教学的内容。它是每门学科的教学目标或学习目标的集合。

课程目标(Curriculum objective)

在特定学科中所教授的特定的学习目标。参见课程。

描述性反馈(Descriptive feedback)

这种反馈与指定的学习任务相关并提供给学生的信息,能够通过向学生展示他们哪些方面做得好,哪些方面需要改进和如何改进,以便帮助他们采取下一步的学习。

论述题(Essay questions)

一种评价方法,旨在衡量学生的知识和推理能力。为了在论文测试问题上表现良好,学生必须回答所提的问题并提供所需要的信息。

评价(Evaluation)

从多个来源收集信息以做出关于学生学习情况判断(例如,评定等级)的过程。

评价性反馈(Evaluative feedback)

这种反馈告诉了学习者他们如何与他人比较,或者提供一个总结学习质量的判断。字母等级、数字、符号和书面短语通常用于传递此类反馈。

外在动机(Extrinsic motivation)

来自外部来源的动机,例如奖励的承诺或惩罚的威胁。

形成性评价(Formative assessment)

有目的、持续地收集有关学生如何学习的信息,同时还留有改进的时间。然后,教师和学生都使用这些信息来指导对预期学习的持续改进。

成绩(Grade)

被用于总结学生表现质量的一个字母、数字或者其他符号。

评等级(Grading)

在一段时间(学期等)结束时评定字母或数字的过程,作为总结学生表现质量的一种方式。

年级的等效分数(Grade-level equivalent score)

分数与学校的时间和年级相对应。无论年龄多大,得分为5.3的学生都将被解释为五年级第三个月的学生的平均得分。

高利害测验(High-stakes testing)

其结果对学生、教师和学校做出重要决定有关的测验。对于学生而言,这可能意味着有关升级或留级,强制性课程选择,甚至是毕业相关的决定。对于没有达到预期成就水平的学校,典型的后果包括扣留资金,教师或校长重新分配,学校重组,或在某些情况下关闭学校。

内在动机(Intrinsic motivation)

来自内部来源的动机,例如成就感的满足或活动中的快乐。

大规模评价(Large-scale assessment)

大量学生参与的评价以及收集系统范围(区,州等)数据的评价,通常用于问责制目的。

学习目标(Learning targets)

这些是定义日常课程目标的最具体的学习期望形式。它们是较小的、可教授的和可评价的学习的部分,在一起构成了更大的课程目标。学习单个课程的目标是加强和支持内容标准,引导学生到他们准备证明他们能够达到标准的地方。

多项措施(Multiple measures)

使用从各种来源、以各种方式得来的有关学生学习的信息,并为决策提供信息。

常模参照测试(Norm-referenced test)

测试通常是基本技能和概念之一,用于衡量一名学生的表现,与已经参加过同样考试的同一年龄和/或年级的其他学生的表现相比较。

百分位数(Percentile)

该分数最常用于报告个别学生在常模参照测试中的结果。第 63 个百分位的分数意味着学生得分高于或优于常规组中 63% 的学生,即最初参加考试的学生。

表现性评价(Performance assessment)

这种评价要求学生建构回应,创建产品或进行展示。对所展示的知识和/或技能的评价是基于评分标准的观察和判断。

表现标准(Performance criteria)

对学生在表现性评价中所追求的目标的质量描述。

表现任务(Performance tasks)

表现性评价中的任务。

表现标准(Performance standard)

预先确定的可接受的评价表现水平，回答的问题是："多好才算好？"

个别交流(Personal communication)

一种评价方法，其中教师提出问题或与学生进行对话，并倾听以确定回答的质量。小学学段的评价严重依赖于这种一对一的方法。

档案袋(Portfolio)

一系列的学生作品，反映学生在预期的学习方面所取得的进步。

量规(Rubric)

用于评价学生在任务或测试中表现的评分工具或一组标准。

抽样(Sampling)

可靠的评价需要收集有关所要测量的学习的适量信息。评价者是否有足够的信息来确定学生在每个内容标准上的成就？需要多少信息才算足够？在设计任何评价时都需要考虑这些抽样问题。

评分指南(Scoring guide)

见量规。

自我评价(Self-assessment)

学生收集有关自己学习的信息,分析其实现预期学习目标的进展情况,并计划下一步的学习的过程。

选择性反应测试(Selected response tests)

这种测试用于衡量学生的知识和推理能力。它们有一个正确答案或有数量限制的正确答案,可以包括多项选择、匹配题、填空题、简答题和判断题。

标准化测试(Standardize test)

所有学生都以完全相同的方式接受测量并以完全相同的方式接受评价的考试。标准化测试可以是常模或标准参照的,常模与标准参照的区别在于如何报告分数。

学生参与的会议(Student-involved conference)

它是关于学生学习的交流,学生在老师的帮助下,积极参与计划,并经常传递信息给父母或监护人。

总结性评价(Summative assessment)

在一段学习结束时所进行的课堂评价,或外部标准化测试,用于总结学生到目前为止所学到的知识。这类评价常被实施,且评价结果会用于为学生评定成绩等级。

参考文献

American Institute for Research. (1999). Design effective professional development: lessons from the Eisenhower program. Washington, D. C. : U. S. Department of Education.

Arter, J. A. , and Busick, K. U. (2001). Practice with student-involved classroom assessment. Portland, OR: Assessment Training Institute.

Assessment Reform Group. (1999). Assessment for learning: beyond the black box: Cambridge, UK: University of Cambridge.

Atkin, J. M. , Black, P. , and Coffey, J. (2001). Classroom assessment and the National Science Standards. Washington, DC: National Academy Press.

Black, P. , and Wiliam, D. (1998). Inside the black box: Raising standards through classroom assessment. Phi Delta Kappan, 80(2),139 - 148.

Burger, D. (1997). Designing a sustainable standards-based assessment system. Aurora, CO: Mid-continent Regional Educational Laboratory.

Chappuis, S. , and Stiggins, R. J. (2002). Classroom assessment for learning. Educational Leadership, 60(1),40 - 44.

Clark, S. (2001). Unlocking formative assessments. London, UK: Hodder&Stoughton.

Crooks, T. (2001). The validity of formative assessments. Leeds, UK: British Educational Research Association.

Davies, A. (2000). Making classroom assessment work. Meville, BC: connections.

Dietel, R. (2001). How is my child doing in school? Our Children,26(6),6 - 8.

Falk, B. (2002). Standards-based reforms: Problems and possibilities,Phi Delta Kappan, 83(8),612 - 620.

Guskey, T. R. (2002a). Computerized gradebooks and the myth of objectvity. Phi Delta Kappan, 83(10),775 - 780.

Guskey, T. R. (2002b)How's my kid doing? A parent's guide to grades,marks and report cards. San Francisco: Jossey-Bass.

Guskey, T. R. , and Bailey, J. M. (2001). Developing grading and reporting systems for student learning. Thousand Oaks, CA: Corwin.

Lewis, A. (2000). High-stakes testing. Trends and isssues. Policy brief. Aurora, CO: Mid-continent Regional Educational Laboratory.

McDermott, T. K. , and McDermott, D. F. (2002). High-stakes testing for students with special needs. Phi Delta Kappan, 83(7),504 - 544.

National Education Association. (2002). Parent's guide to testing and accountability. Washington, DC: NEA Communications.

O'Connor, K. (2002). The mindful school: how to grade for learning. Arlington Heights, IL: Skylight.

Olson, L. (2002a). A "proficient" score depends upon geography. Education Week, 21 (24),1 - 6.

Olson, L. (2002b). Forum bemoans gap between standards and classroom. Education Week, 21(29),14 - 15.

Petersen, S. , and Shutes, R. (1994). Seven reasons why textbooks cannot make a curriculum. NASSP Blletin, 78(565),11 - 20.

Popham, W. J. (2001). The truth about testing: An educator's call to action. Alexandria, VA: ASCD.

Sadler, R. (1989). Formative assessment and the design of instructional systems. Instructional Science, 18,119 - 144.

Schmoker, M. (2002). The real causes of higher achievement. SEDletter,14(2). Retrieved July 2002 from the World Wide Web: http://www. sedl. org/pubs/sedletter/v14n02/1. html.

Shepard, L. A. (2000). The role of assessment in a learning culture. Researcher, 29(7),4 - 14.

Shepard, L. A. (2001). Using assessment to help students think about learning. Keynote address at Assessment Training Institute Summer Conference, Portland, OR.

Stiggins, R. J. (1999). Assessment, student confidence, and school success. Phi Delta Kappan, 81(3),191 - 198.

Stiggins, R. J. (2001). Student-involved classroom assessment, 3rd ed. Upper Saddle River, NJ: Merrill-Prentice Hall.

Stiggins, R. J. and Knight, T. (1997). But are they learning? Portland, OR: Assessment Training Institute.

Wagner, T. (2002). Making the grade: reinventing America's schools. New York: Routledge Falmer.

York Region District School Board. (2001). Assessment and evaluation. The Curriculum Series, vol. 2. Aurora, ON: Author.